ALL DAY BREAKFAST

IRA LEONI

TRE TORRI

INHALTSVERZEICHNIS

VORWORT

Das Thema Frühstück ist aktuell wie nie und in aller Munde – nicht nur als Mahlzeit, sondern als ausgewachsener Foodtrend, um den zurzeit niemand mehr herumkommt. Entstanden ist dieser Trend nicht zuletzt durch allgemeine Änderungen im Essverhalten, denn wir achten viel mehr als noch vor zwanzig oder zehn Jahren darauf, was wir zu uns nehmen. Nur kurzfristig sättigende Kohlenhydrate wie weiße Brötchen oder ein einfacher Marmeladentoast waren gestern. Stattdessen erobern komplexe Kohlenhydrate, Superfoods und Vitaminbomben unsere alten Frühstücksbrettchen und ehemaligen Müslischalen. Wann und wo wir das erste Mal am Tag zu Teller oder Bowl greifen, bleibt uns auch durch entsprechend weiterentwickelte Angebote in Bäckereien, Cafés und Restaurants zunehmend selbst überlassen – das *All Day Breakfast* hält seit längerem Einzug nicht nur in unsere eigenen Küchen. Sogar gehobene Restaurants greifen immer mehr den Trend des zeitlich unbegrenzten Frühstücks auf.

Für uns als Verlag sind das in jedem Fall ausreichend gute Gründe, um uns mit der Autorin dieses Buchs auf die Spuren des *All Day Breakfast* zu begeben. Ira Leoni fotografiert seit ihrer Kindheit mit Begeisterung. 2010 hat sie ihre Passion zur Foodfotografie zum Beruf gemacht. Wie gut sie dieses Genre beherrscht, zeigen nicht nur die wunderbaren Bilder in diesem Buch, sondern auch ihre zahlreichen Arbeiten für verschiedene Foodzeitschriften. Mit Angelika Ilies, die mit ihren Rezepten für den Geschmack in diesem Buch zuständig ist, verbindet Ira Leoni eine langjährige gute Zusammenarbeit. Wie wunderbar sie harmonieren, zeigen Rezepte und Bilder in diesem inspirierenden Buch.

Wir sind fast sicher, dass sich auch an Ihrem Tisch schon bald nach der Lektüre dieses Bandes Familie und Freunde zum ausgedehnten Frühstück treffen werden.

Viel Spaß mit den Rezepten und guten Appetit wünscht

Ihr Tre Torri Verlag

WARUM IST DIESES BUCH SO BESONDERS FÜR MICH

Als Foodfotografin entdecke ich jeden Tag neue Gerichte aus aller Welt, die meine Arbeit inspirieren. Privat bin ich eine Genießerin und liebe es, gemütlich und ausführlich zu frühstücken. Kein Wunder also, dass ich von der neuen Art Frühstück zu servieren so begeistert bin! Sie ist bereits in vielen Ländern verbreitet und kommt jetzt endlich auch nach Europa.

Viele kennen den klassischen Brunch – eine Variation verschiedener Speisen, von süß bis salzig und von warm bis kalt – alles auf einem großen Büffet drapiert, von dem sich die Gäste eine individuelle Mahlzeit zusammenstellen können.

Beim *All Day Breakfast* ist alles anders: Den Gast erwartet ein fertig gerichteter Teller mit einer perfekt aufeinander abgestimmten Komposition. Als Basis dienen Brot, Bagel, Croissant & Co., die mit anderen Leckereien zu herrlichen Schichten verarbeitet werden.

Ein echter Hingucker, bei dem der Geschmack das hält, was das Auge verspricht! In diesem Buch stelle ich Ihnen meine persönlichen Ideen vor, wie Sie schnell und einfach beeindruckende Frühstücksvariationen auf den Tisch zaubern können. Überraschen Sie Ihre Gäste mit neuen, aufregenden Kombinationen, bunten Farben und außergewöhnlichen Servierideen!

Iva Leoni

FRÜHSTÜCK FÜR ALLE

Ob Lerche oder Eule, Frühaufsteher oder Langschläfer – das *All Day Breakfast* bietet wirklich jedem etwas. Denn diese wichtige Mahlzeit des Tages hat es verdient, endlich wieder stärker in den kulinarischen Fokus zu rücken. Kein Stress mehr, dass sich das Frühstückszeitfenster um zehn Uhr schon wieder schließt – gefrühstückt wird ab jetzt, wann einem danach ist – egal, ob um acht Uhr morgens oder um zwei Uhr am Nachmittag. So kommen frühe Vögel, Spätaufsteher und Mittagspausenfrühstücker gleichermaßen auf ihre Kosten. In der Gastronomie ist das *All Day Breakfast* aktuell ein Trend, um den man kaum herumkommt. Vorgemacht haben es wieder einmal die US-Amerikaner, nun schwappt der Trend in einer riesigen Welle über den großen Teich und erobert sowohl europäische Cafés als auch heimische Küchen. Sogar Restaurants, die mit ihren kulinarischen Kreationen abends für ihre Gäste die Michelin-Sterne vom Himmel holen, zelebrieren während des Tages über viele Stunden hinweg mit gesunden, abwechslungsreichen und ideenreichen Kreationen die neue Form des Frühstücks.

MAHLZEITEN IN EINER SCHNELLLEBIGEN WELT

Doch woher kommt dieser Trend? Unser Leben wird durch die zuneh-
mende Technisierung immer schneller, die (Arbeits-)Zeiten werden
flexibler, und wir können das Tempo des Tages gerade noch mitgehen.
Was aufgrund seiner zeitlichen Starrheit etwas abgeschlagen zurückge-
blieben ist, sind unsere traditionellen Essgewohnheiten. Ein dem Argu-
ment „Zeit" geschuldeter Ansatz, mit der allgemeinen Entwicklung auch
kulinarisch Schritt zu halten, war und ist das Essen und Trinken „to go",
das man auf dem Weg zur Arbeit oder in der Mittagspause quasi im Vor-
beigehen schnappt und eher beiläufig zu sich nimmt. Sich für das Essen
angemessen Zeit nehmen? Fehlanzeige! Zumindest in der Regel, weil die
Mahlzeiten nicht mehr so richtig in die Tagesstruktur passen wollen. Das
kann dauerhaft keine gesunde Alternative sein. Eine praktikable, weit-
aus angenehmere Variante funktioniert, wenn sich die Essenszeiten dem
Tagesrhythmus des Arbeitnehmers beziehungsweise Menschen genauso
flexibel anpassen, wie unsere Tage und wir selbst sind oder besser gesagt:
sein müssen. Und wenn die Arbeitszeit gleitet, müssen dies eben auch
die Essenszeiten tun. Öffne dich daher, so weit du kannst, Zeitfenster
des Frühstücks! Gesagt, getan – hier ist das *All Day Breakfast* …

DIE LOGISCHE FOLGE DES BRUNCHS

Vielleicht kommt jetzt der Gedanke auf: Das gab es doch irgendwie schon einmal?! Stimmt, was heute wieder Frühstück heißt, war lange Zeit der *Brunch* – ein sogenanntes Kofferwort aus den englischen Begriffen *Breakfast* und *Lunch* –, der inhaltlich Frühstück und Mittagessen in einem ausgewogenen Verhältnis aus kalten und warmen, herzhaften und süßen Speisen in Buffetform vereinte. Das *All Day Breakfast* ist die logische Weiterentwicklung davon, mit der Veränderung, dass man es nicht nur am Wochenende oder zu einem Festtag in der Woche („Ich habe morgen Geburtstag – kommst du zum Brunch?") genießen kann. Der entscheidende Unterschied liegt beim *All Day Beakfast* darin, dass die Kreationen als Tellergerichte serviert werden. Das ist in mancherlei Hinsicht kein Verlust – die meisten kennen so manch geplündertes Brunchbuffet, das nicht mehr sehr appetitlich aussieht, wenn die Gäste sich in einer ersten Runde darüber hergemacht haben.

ALLES ZU SEINER ZEIT

Das kleine oder große Frühstück – in Ruhe und zu der Zeit genossen, die jedem Einzelnen gut passt – sollte ein kurzer, genüsslicher Abschied vom Alltag sein, eine kleine, entspannte Auszeit, die wir uns tagtäglich redlich verdienen und die Körper und Geist brauchen. Zudem ist und bleibt das Frühstück eine wichtige Mahlzeit, auch wenn zahlreiche Studien inzwischen bewiesen haben, dass ein dogmatisches Festhalten an der Einnahme eines reichhaltigen Frühstücks zum frühen Start in den Tag gar keinen wissenschaftlich begründeten Anspruch besitzt. Wer morgens um sieben Uhr noch keinen Hunger hat, kann besten Gewissens erst einige Stunden später zum *All Day Breakfast* greifen. Gerade den Spätfrühstückern unter uns kommt dieser Trend wie gerufen.

GESCHIRRAUSWAHL –
DAS TELLERGERICHT ALS PERFEKTE KOMPOSITION

Geschmacklich werfen wir alten Ballast ab und trennen uns von Gewohntem – das Frühstück wird zum Experimentierfeld für neue Kombinationen, die ein optimales Geschmackserlebnis garantieren, mit dem Zusatz, dass es uns mit all den Inhaltsstoffen versorgt, die unser Körper braucht. Wie bereits erwähnt, kommt das *All Day Breakfast* in erster Linie wieder als Tellergericht auf den Tisch, allerdings in neuer, extrem kreativer Form. Damit das Frühstück sowohl ein gesundes Geschmackserlebnis als auch ein Fest für alle Sinne wird, darf es in jedem Fall ein ebenso zuverlässiges Highlight fürs Auge sein. Daher empfiehlt sich, bei der Planung des Frühstücks mit Gästen ganz an der Basis zu beginnen und vor der Auswahl der Gerichte einen Blick auf das Geschirr zu werfen, das die Kreationen in Szene setzen soll.

IM <u>MIX AND MATCH</u> TRIFFT TRADITION AUF MODERNE

Bei der gekonnten Inszenierung des *All Day Breakfast* kommen uns aktuelle Geschirrtrends entgegen. Sinnvoll ausgewähltes und gezielt kombiniertes modernes Geschirr macht eine sonstige Tischdekoration nahezu überflüssig. Schon seit einigen Jahren hält der Trend des *Mix and Match* auf dem Tisch an. *Mix and Match* bedeutet, dass kein in sich geschlossenes Service großer und kleiner Teile im ewig selben Design und Dekor mehr die Tafel schmückt, sondern farb- und formenmäßig individuelle Teile miteinander kombiniert werden, die ruhig neu und alt sein können. Erlaubt ist auch hier, was gefällt. Die Kunst besteht darin, dass alle Stücke gemeinsam auf dem Tisch nicht zu einem bunt-schreienden Kramladen werden, sondern sich zu einem harmonischen Gesamtbild ergänzen. Wer dieses Tellerspiel unter anderem perfekt beherrscht, sind skandinavische Designer, die seit geraumer Zeit den Ton bei den Geschirrtrends angeben. Es ist die pure Konzentration auf schlichte Funktionalität und Wesentlichkeit in vorwiegend kühleren Blau- und Grautönen, wobei auch Erdfarben in Steingut und Porzellan kombiniert werden. Dabei trifft Rundes auf Ovales und Eckiges, Flaches auf Tiefes und Bauchiges. Was alle Teile verbindet, ist schlichte Eleganz, Klarheit der Formen und das Bestreben, sich zu einem perfekten Ganzen zusammenzufügen.

ESSBARE BLÜTEN – DAS TÜPFELCHEN AUF DEM „I"

Während das sorgsam ausgewählte Geschirr die Basis zur perfekten Präsentation der Speisen bildet, wird deren Deko auf dem Teller oder in der Schale zum Tüpfelchen auf dem „i". Das gelingt für ein abwechslungsreiches *All Day Breakfast* und seine süßen wie herzhaften Speisen sehr gut mit der Verwendung von Blüten und Sprossen.

Die leuchtenden Farben und filigranen Blätter essbarer Blüten zaubern sofort gute Laune auf Teller und in Bowls. Sie bereichern die hübsch angerichteten Speisen optisch und sorgen zudem für eine besondere Geschmacksnote in den Gerichten! Als wäre das nicht schon genug, enthalten sie wichtige Vitamine und Mineralien.

Doch das Allerpraktischste ist: Mit ein wenig Hege und Pflege wachsen Veilchen, Nelken, Ringelblumen und deren Verwandte ganz einfach auf der Fensterbank, dem Balkon oder der Terrasse fast wie von selbst und erfreuen auch hier das Auge, bevor sie auf dem Teller ihr geheimes Können zeigen. Vorsicht ist beim Kauf geboten, in Speisen dürfen ausschließlich Blüten verarbeitet werden, die in Obst- und Gemüseabteilungen erhältlich und als essbar ausgewiesen sind. Topfware aus dem Gartencenter ist in der Regel mit Pflanzenschutzmitteln behandelt und zum sofortigen Verzehr ungeeignet. Erst wenn die Pflanzen neue Blüten getrieben haben, können diese sorglos gegessen werden. Also gilt, entweder Pflanzen zu kaufen, die noch keine Blütenansätze tragen, oder aber Samen zu säen. Essbare Blühpflanzen sind häufig als fertige Mischungen erhältlich, sodass diese sich unkompliziert zu Hause ziehen lassen. Frisch gepflückt und gerade geöffnet sind die Blüten am hübschesten und aromatischsten. Vor der Verwendung die zarten Blütenblätter nicht waschen, aber in jedem Fall ausschütteln, um etwaige „Mitbewohner" loszuwerden. Bei größeren Blüten ist ratsam, vor der Verwendung Stiele, Kelchblätter und Staubgefäße zu entfernen beziehungsweise – wie zum Beispiel bei Dahlien oder Rosen – nur die Blütenblätter zu benutzen.

Die unterschiedlichen Blütenarten haben nicht nur ein vielfältiges, farbenstrahlendes Aussehen, sondern auch ganz unterschiedliche (Geschmacks-)Effekte. Hier eine Auswahl essbarer Arten[1]:

BLÜTENART	FARBE	BLÜTEZEIT (ca.)	GESCHMACK
Begonie (Begonia)	weiß, gelb, rosa, rot, violett	April–September	leicht pikant, säuerlich
Borretsch (Borago officinalis)[2]	blau bis violett	Mai–September	leicht süßlich, gurkenähnlich erfrischend; sparsam verwenden
Dahlie (Dahlia)	bunt	Juli–Oktober	neutral bis leicht nach Honig; nur Blütenblätter verwenden
Duftgeranie (Duft-Pelargonium)	bunt	Mai–September	je nach Sorte zitronen-, minze- oder rosenähnlich
Gänseblümchen (Bellis perennis)	weiß, mit gelbem Staubbeutel	Februar–November	leicht scharf, dezent nussig
Glockenblume (Campanula)	blau	Juni–August	leicht süß
Kapuzinerkresse, große (Tropaeolum majus)	gelb, orange, rot, mehrfarbig	Mai/Juni–Oktober	leicht scharf und rettichartig
Kornblume (Centaurea cyanus)	weiß, rosa, rot violett, blau	Mai/Juni–September/Oktober	schwach würzig, leicht bitter
Löwenzahn (Taraxacum)	leuchtend gelb	April–Juli	süß und honigartig

1 Selbst gepflückte Blüten, insbesondere von Wildpflanzen, sollte man stets sicher benennen können, denn manch hübsches Köpfchen ist ungeahnt giftig, so zum Beispiel Akelei, Christrose, Fingerhut, Goldregen, Herbstzeitlose, Maiglöckchen, Oleander, Pfaffenhütchen, Schierling, Seidelbast und Tollkirsche!

BLÜTENART	FARBE	BLÜTEZEIT (ca.)	GESCHMACK
Nelke (Dianthus caryophyllus)	gelb, rot, rosa, weiß, mehrfarbig	Mai/Juni–September	Muskatnote, leicht bitter; nur Blütenblätter verwenden, Stempel u. Staubgefäße entfernen
Ringelblume (Calendula officinalis)	gelb-orange	Mai/Juni–Oktober	leicht aromatisch; „Safran der armen Leute" (färbend)
Schnittlauch (Allium)	rosa bis lila	Mai–August	leicht süß; am besten nur Blütenblättchen verwenden
Steinkraut (Alyssum)	leuchtend gelb und weiß	April–September	eher neutral, leicht pikant
Zitronen- und Orangen-Studentenblume (Tagetes)	gold- bis orangengelb	Mai–Oktober	zitronig-minzig
Veilchen / Hornveilchen /Stiefmütterchen (Violaceae)	blau/ von weiß über gelb und rot bis zu dunkelviolett	März/April–Oktober/November	süßlich-blumig
(Wald-) Vergissmeinnicht (Myosotis)	hell- bis dunkelblau	April–Mai	recht neutral
Wiesen-Klee (Trifolium pratense)	altrosa	Juni–September	süßlich
Zinnie (Zinnia)	bunt	Juni/Juli–Oktober	sehr bitter

2 Insbesondere die zur Gruppe der Korbblütler (Asteraceae; z.B. Dahlie, Kornblume, Zinnie) und Raublattgewächse (Boraginaceae, z.B. Borretsch) gehörenden Pflanzen enthalten kleinere Mengen Pyrrolizidin-Alkaloide (PA), einen sekundären Pflanzenstoff, der die Pflanzen vor Fraßfeinden schützt. Für den Menschen kann er toxisch wirken. Ein gelegentlicher Verzehr insbesondere einzelner Blütenblätter gilt allerdings als unbedenklich.

DIE BLÜTE MIT IHRER FÜLLE AN MÖGLICHKEITEN

Um zu testen, welche Blüten zu welchen Gerichten passen, darf oder besser sollte man am besten vorher einfach probieren! Die Kapuzinerkresse beispielsweise sieht auf süßen Sachen wunderbar aus, ihr rettichartiger Geschmack passt aber wesentlich besser zu Herzhaftem. Mit Blüten, die einen stärkeren Duft verströmen, aber weniger zum puren Mitessen geeignet sind – zum Beispiel in der Tabelle nicht erwähnter Lavendel oder Holunder –, lassen sich beispielsweise auch Zucker oder Salz aromatisieren. Eine weitere Idee ist, jegliche Blüten an den Stängeln zusammengebunden mit den Köpfen nach unten aufzuhängen und an der Luft vorzugsweise in einem warmen trockenen Raum einige Tage vollständig zu trocknen, bis sie bei Bewegung rascheln. Entweicht die Feuchtigkeit, werden die Aromen intensiviert, und die Blüten sind – vollständig getrocknet und in einem Schraubglas fest verschlossen – über viele Wochen gut zu lagern. So kann man sie auch nach Ende der Blütezeit zum Beispiel noch in Butter einarbeiten oder fein zerrieben über Gerichte streuen. Sieht hübsch aus und schmeckt sehr gut!

SPROSSEN & MICROGREENS –
DER GESUNDE FRISCHEKICK

Ebenfalls dekorativ und dabei auch noch ausgesprochen gesund sind frische Sprossen und Microgreens. Mit ihrem aromatischen bis würzigen Geschmack geben beide (Frühstücks-)Gerichten den letzten Kick. Sie wachsen aus den Samen von Hülsenfrüchten und Getreiden beziehungsweise Gemüsen und Kräutern. Ihr Geschmack reicht von süß über nussig bis scharf. Gesunde Kohlenhydrate, sekundäre Pflanzenstoffe, Vitamine, Ballaststoffe und Spurenelemente machen beide ernährungsphysiologisch wertvoll und zum heimischen Superfood.

Der Unterschied zwischen Sprossen und Microgreens liegt darin, das Letztere im Grunde die (bio-)logische Weiterentwicklung der Sprossen verkörpern. Sprossen sind nichts anderes als einige Tage gekeimte Samen, die man mitsamt dem Wurzelansatz verzehrt. Microgreens sind im Wachstumszyklus einen Entwicklungsschritt weiter, sie haben neben der Wurzel auch erste, dank des gebildeten Chlorophylls, meist kräftig grüne Triebe ausgebildet. Vor dem Verzehr schneidet man sie knapp über der Wurzel ab. Im Vergleich zum erntereifen Gemüse sind Sprossen und vor allem Microgreens bezogen auf ihre Größe regelrechte Vitamin- und Mineralstoffbomben, da sie sämtliche Inhaltsstoffe des späteren Gemüses in sich tragen.

Sehr beliebt zum Sprossenziehen sind zum Beispiel Samen von folgenden Pflanzen: Adzuki, Alfalfa, Brokkoli, Erbsen, Linsen, Mungo, Radieschen, Rettich, Rucola, Soja und Weizen. Bei den Microgreens sind es beispielsweise schnellwüchsige Gemüse- und Kräutersorten wie Brokkoli, Kohlrabi, Kresse, Mangold, Minze, Radieschen, Rote Bete oder Rotkohl. Sie alle sind in gut sortierten Gemüseabteilungen größerer Supermärkte verzehrfertig erhältlich. Beim Einkauf sollte man darauf achten, dass die Sprossen trocken sind und frisch riechen. Sie sollten im Kühlschrank gelagert und innerhalb eines Tages beziehungsweise bis zum Ablauf des Mindesthaltbarkeitsdatums verzehrt werden. Die Microgreens hingegen sollten nicht schlaff und ihre Beete zu trocken sein. Werden sie gut gewässert bzw. ihr Beet regelmäßig befeuchtet, halten sie sich auf der Fensterbank an einem schönen sonnigen Plätzchen bis zu sieben Tage.

MIT SPASS RUCKZUCK ZUM ZÜCHTER WERDEN

Doch die gesunden Sprossen und Microgreens lassen sich auch ganz einfach selbst ziehen. Den „Kleinen" beim schnellen Wachsen zuzuschauen, macht überdies richtig viel Spaß und das Beste daran ist: Bereits wenige Tage nach der Aussaat sind die ersten Triebe erntereif!

Zum Ziehen von **Microgreens** benötigt man lediglich eine Schale mit etwas feiner (Bio-)Anzuchterde oder spezielle Anzuchtschalen sowie Samen nach Wahl, die in Bio-Supermärkten, Reformhäusern, Drogerien oder im Internet zu beziehen sind. In der angefeuchteten Erde feine Rillen ziehen, die Samen gleichmäßig hineinstreuen, ganz leicht mit Erde bedecken, die Schale zunächst abgedeckt – bei Lichtkeimern (z.B. Alfalfasprossen) reicht Frischhaltefolie, bei Dunkelkeimern (z.B. Brokkoli oder Erbsen) ein Teller – bei Zimmertemperatur an einem hellen Ort platzieren und den Inhalt stets feucht halten. Dazu eignet sich beispielsweise ein Wasserzerstäuber sehr gut. Nach drei bis vier Tagen, wenn alle Samen gekeimt sind, wird die Abdeckung entfernt. Wichtig ist, die Keimlinge auch in diesem Stadium weiterhin feucht zu halten. Sobald die Microgreens ein erstes Blattpaar vollständig ausgebildet haben, kann die Ernte beginnen.

Die Samen für **Sprossen** werden in einem Sprossenglas mit Siebdeckel oder einem Keimgerät herangezogen: Zum Aktivieren eine entsprechende Menge abgespülter Keimsaat mit der doppelten Menge kaltem Wasser zunächst einige Stunden lang im Sprossenglas einweichen – schon jetzt keimen die Samen auf. Das Wasser abgießen, die feuchten Samen verlesen (leere Samenhülsen und nicht gequollene Samen dabei aussortieren), in das Sprossenglas zurückfüllen und je nach Sorte an einem hellen oder dunklen Ort bei Zimmertemperatur mit dem Deckel nach unten schräg auf einem Unterteller oder einer entsprechenden Halterung aufstellen. Zweimal täglich, morgens und abends, müssen die Samen in den folgenden Tagen mit frischem Wasser gespült werden. Dieses tropft durch den Siebdeckel wieder ab, was die Schimmelbildung im Glas vermeidet. Bereits nach drei bis vier Tagen sind die ersten Sprossen fertig fürs *All Day Breakfast* (und darüber hinaus).

BOWLS – ALTBEKANNTES IM NEUEN GEWAND

In unseren herzhaften Frühstücksgerichten kombinieren wir Sprossen und Keimlinge nach Lust und Laune mit anderen Superfoods wie Avocado und Nüssen. Zuckerschnuten tanken eine Extraportion Vitalstoffe mit Samen, Granatapfelkernen und Beerenobst. Ob salzig oder süß – an vielen Stellen treffen wir bei *All Day Breakfast* auf Altbekanntes und Bewährtes im neuen Gewand. So können Pfannkuchen und Waffeln auch herzhaft serviert werden und Eierspeisen gibt es jetzt auch mit Meeresfrüchten. Toasts sind nach wie vor hip, wobei der gute alte Toast Hawaii schon lange ausgedient hat. Neu und überraschend sind zum Beispiel Bowls: Wo früher Haferflocken und Cornflakes ein eher langweiliges Dasein in den Schalen fristeten, brennen heute alle erdenklichen Zutaten, gepaart mit Superfoods und kalt wie warm serviert, ein wahres Farb- und Geschmacksfeuerwerk ab. Die Idee für den bunten Trend stammt ursprünglich aus Asien und ist vor einigen Jahren wie die *All Day Breakfast*-Idee über die USA nach Europa geschwappt. Die Tradition, mindestens einmal am Tag eine nahrhafte Mahlzeit in einer Schüssel beziehungsweise Schale zu servieren, ist in vielen asiatischen Ländern uralt. Hier darf es überdies bereits zum Frühstück mit Reis und Suppen würzig bis scharf zugehen.

DAS BAUKASTENPRINZIP DER BOWL

Was bei uns zum Frühstück gemeinsam in die Schüssel kommt, richtet sich nach einem recht simplen Prinzip: Auf einer Basis möglichst hochwertiger Kohlenhydrate tummeln sich viele geschmacklich harmonierende Komponenten, die sich ernährungsphysiologisch wertvoll ergänzen. Getreideprodukte aus komplexen „guten" Kohlenhydraten, die der Körper erst nach und nach aufschließt und die den Blutzuckerspiegel entsprechend langsam ansteigen lassen, werden gepaart mit Proteinen tierischer oder pflanzlicher Art, viel vitaminreichem Obst oder Gemüse sowie gesunden Fetten.

DAS KOMMT IN DIE BOWL

Komplexe Kohlenhydrate	(Vollkorn-/Wildkorn-)Reis, Hafer, Weizen, Dinkel, Gerste, Quinoa, Amaranth
Reichlich Vitamine und Vitalstoffe	Beeren, Äpfel, Granatäpfel, Zitrusfrüchte, Mangold, Spinat, Sprossen und Keimlinge, essbare Blüten, Kräuter
Pflanzliche Eiweiße	Amaranth, Buchweizen, Hirse, Hülsenfrüchte, Nüsse und Samen, Quinoa
Tierische Eiweiße	Milchprodukte, Eier, Fisch, Meeresfrüchte
Gesunde Fette	Avocados, kaltgepresste Öle, Oliven, Nüsse, Kerne, Samen, fetter Fisch

Bei alldem werden in der Komposition geschmackliche Kontraste hinsichtlich Textur und Aromatik durchaus bewusst gewählt: Rohes und Gekochtes, Scharfes und Mildes, Knuspriges und Cremiges, Süßes und Saures ergibt genau das bereits erwähnte Geschmacksfeuerwerk, das am Ende im Mund zu einem harmonischen Ganzen verschmilzt. Von allem etwas und der perfekte Mix aus wertvollen Nähr- und Vitalstoffen – das ist genau das Richtige für einen gelungenen Tag. Nach dem Frühstück bleibt man lange satt und fällt nicht schon wenig später wieder ins nächste Hungerloch. Und was in der Vorbereitung ein wenig komplizierter klingt, als Müsli oder Cornflakes in eine Schale zu füllen und mit Milch zu begießen, bleibt in der Ausführung herrlich bequem: Löffel in die Hand und Bowl leer putzen.

ERLAUBT IST, WAS GEFÄLLT

Das *All Day Breakfast* im Ganzen wie auch der Inhalt der Bowls kann nach Lust und Laune kombiniert werden. Wer dem Geschmack seiner Gäste nicht allzu sehr vorweggreifen möchte oder hier unsicher ist, was gefällt, bringt mögliche Komponenten einfach separat auf den Tisch – so kann sich jeder sein Gericht selbst zusammenstellen, und es landet genau das in der Schale oder auf dem Teller, was der Einzelne mag. Saucen, Dips, Toppings, Nüsse, Beeren und anderes machen sich auf dem Tisch außerdem sehr hübsch, wenn sie separat in einzelnen Schälchen ange-richtet werden. So gelingt das *All Day Breakfast* ganz sicher und wird zum großen Genuss.

TOASTED

&

ROASTED

Avocado-Eier-Toasts

Toasts

3 Eier
100 g Frischkäse
1–2 EL flüssiger Honig
1–2 TL scharfer Senf
Salz, Pfeffer
2 Scheiben Körnerbrot

Topping & Deko

Sprossen (z. B. rote
   Radieschensprossen,
   grüne Erbsensprossen)
Blutampfer
1 reife Avocado
Limettensaft
Salz, Pfeffer
gehackte Pistazienkerne
Granatapfelkerne
verschiedene essbare
   Blüten (z. B. Alyssum,
   Viola, Tagetes)

1. Für die Toasts zunächst die Eier anstechen und ca. 10 Minuten hart kochen. Anschließend abgießen, kalt abschrecken und schälen. 1 Ei halbieren, bei den anderen beiden Eiern Eigelb und Eiweiß voneinander trennen.

2. Den Frischkäse mit den beiden Eigelben, Honig und Senf cremig rühren und mit Salz und Pfeffer würzen. Das Eiweiß klein würfeln, unterrühren und mit Salz und Pfeffer abschmecken. Die Brote nach Belieben toasten, dick mit der Creme bestreichen und auf zwei Teller legen.

3. Für Topping & Deko Sprossen und Blutampfer waschen und trocknen. Die Avocado halbieren und den Kern entfernen, das Fruchtfleisch aus der Schale lösen und in Spalten schneiden. Mit Limettensaft beträufeln, mit Salz und Pfeffer würzen und auf die Brote legen. Die Eierhälften obenauf legen und nach Belieben mit Sprossen, Blutampfer, Pistazienkernen, Granatapfelkernen und Blüten dekorieren.

Brote mit Ziegenfrisch- käse, grünen Tomaten und Aprikosen

FÜR 2 PORTIONEN

Brote

2 EL Olivenöl
2 Scheiben Sauerteig-
  brot
etwas Knoblauchpulver
Salz, Pfeffer
100 g Ziegenfrischkäse

Topping & Deko

2 grüne Tomaten
3–4 große Aprikosen
3 EL Olivenöl
2 EL brauner Zucker
Salz, Pfeffer
50 g Erbsensprossen
einige Minzeblätter
1 EL Kürbiskerne
4 EL Honig

1. Für die **Brote** das Olivenöl in einer Pfanne erhitzen und die Brotscheiben darin goldbraun anrösten.
Mit Knoblauchpulver, Salz und Pfeffer würzen und mit dem Ziegenfrischkäse bestreichen.

2. Für **Topping & Deko** die Tomaten waschen und vierteln, dabei die Stielansätze entfernen. Die Aprikosen ebenfalls waschen, halbieren und die Steine entfernen. Das Olivenöl in einer Pfanne erhitzen, die Aprikosen darin kurz anbraten. Den Zucker darüber streuen und leicht karamellisieren lassen. Die Tomaten mit in die Pfanne geben und alles kurz karamellisieren lassen. Mit Salz und Pfeffer würzen und auf die Brote geben. Mit Erbsensprossen, Minze, Kürbiskernen und Honig anrichten und sofort servieren.

Toasts mit Matjes, Butter-Orangensauce und Wildkräutersalat

FÜR 2 PORTIONEN

Toasts

2 Matjesfilets
100 g Wildkräutersalat
Öl zum Frittieren
Salz
2 Scheiben Krustenbrot

Sauce & Deko

1 Orange
100 ml Fischfond
100 ml frisch gepresster
   Orangensaft
75 g Butter
Salz, Pfeffer
2 TL Sesam- und
   Leinsamen
essbare Blüten
   (z. B. Viola)

1. Für die Toasts die Matjesfilets halbieren. Den Wildkräutersalat waschen und sehr gut trocken schleudern, ggf. zusätzlich mit Küchenpapier trocken tupfen.

2. Das Öl zum Frittieren in einem Topf (oder Fritteuse) erhitzen, den Wildkräutersalat portionsweise darin kurz frittieren, dann auf Küchenpapier abtropfen lassen und leicht salzen. Die Brotscheiben nach Belieben toasten, auf Teller legen, Matjesfilets und Wildkräutersalat darauf arrangieren.

3. Für Sauce & Deko die Orange filetieren. Fischfond, Orangensaft und Butter in einem kleinen Topf zum Kochen bringen und etwa auf die Hälfte einkochen. Die Orangenfilets darin schwenken, die Sauce mit Salz und Pfeffer abschmecken.

4. Sauce und Orangenfilets zu den Broten geben, alles mit Sesam und Leinsamen sowie Blüten dekorieren und sofort servieren.

Melonen-Ricotta-Toasts mit Avocado

FÜR 2 PORTIONEN

Toasts

250 g Wassermelonen-
fruchtfleisch
150 g Ricotta
Salz, Pfeffer
1 rote Zwiebel
1 Avocado
1 EL Zitronensaft
3 EL Butter
2 dicke Scheiben
Kastenweißbrot

Topping & Deko

Pfeffer
essbare Blüten
(z. B. Viola)

1. Für die Toasts zunächst aus der Wassermelone mit einem Kugelstecher Kugeln ausstechen und den Ricotta mit etwas Salz und Pfeffer cremig rühren. Die Zwiebel schälen und in sehr dünne Ringe oder Spalten schneiden.

2. Die Avocado halbieren, den Kern entfernen, das Fruchtfleisch aus der Schale lösen und in Spalten schneiden. Anschließend die Spalten sofort mit dem Zitronensaft beträufeln und mit Salz und Pfeffer würzen.

3. Die Butter in einer Pfanne erhitzen, die Brotscheiben darin von beiden Seiten goldbraun rösten. Die Toasts mit Avocado, Wassermelone, Ricotta und Zwiebelringen belegen.

4. Für Topping & Deko etwas Pfeffer über die Toasts mahlen, mit den Blüten dekorieren und sofort servieren.

Toasts mit Avocado, Kirschtomaten und Honig-Bacon

Toasts

4 Stängel Koriander
1 Avocado
1 EL Zitronensaft
Salz, Pfeffer
200 g Kirschtomaten
4 EL Olivenöl
2 EL Zucker
4 EL heller Balsamico
6 dicke Baconscheiben
1 Knoblauchzehe
2 EL Honig
3 Scheiben Bauernbrot

Deko

essbare Blüten
   (z.B. Gewürztagetes
   oder Chrysantheme)

1. Für die Toasts den Koriander waschen, trocken schütteln und die Blätter abzupfen. Die Avocado halbieren, den Kern entfernen und das Fruchtfleisch auslösen. Zitronensaft sowie Koriander dazugeben und alles mit einer Gabel grob zerdrücken. Mit Salz und Pfeffer abschmecken.

2. Die Kirschtomaten waschen und halbieren. Das Olivenöl in einer Pfanne erhitzen, die Tomaten darin leicht anbraten. Den Zucker darüber streuen und leicht karamellisieren lassen, dann den Essig zugeben. Mit Salz und Pfeffer würzen und warm halten.

3. Parallel dazu in einer anderen Pfanne den Bacon ohne Zugabe von Fett bei mittlerer Temperatur von beiden Seiten knusprig braten. Den Knoblauch schälen und durch eine Knoblauchpresse drücken. Zusammen mit dem Honig in die Pfanne geben und kurz mitbraten.

4. Das Avocadopüree auf den drei Brotscheiben verteilen und mit einigen karamellisierten Tomaten und Bacon belegen. Je eine Brotscheibe auf Teller legen. Die dritte Scheibe halbieren und jeweils eine Hälfte auf die ganze Brotscheibe setzen. Alles mit den restlichen Tomaten und dem Tomatensud beträufeln.

5. Für die Deko die essbaren Blüten auf den Tellern verteilen und sofort servieren.

43

Ziegenkäse-Feigen-Sandwiches mit Honig und Rucola

FÜR 2 PORTIONEN

Sandwiches

4 Scheiben Dinkelbrot
2 EL Olivenöl
4–6 Feigen
1 Ziegenkäserolle
  (200 g)
Trüffelsalz
Pfeffer
6 EL flüssiger Honig

Deko

1 Handvoll Rucola
essbare Blüten
  (z. B. Viola)

1. Für die Sandwiches den Backofen auf 200 °C Ober- und Unterhitze vorheizen. Die Brotscheiben mit Olivenöl einpinseln, dann halbieren und auf einem Backblech im Backofen etwa 8 Minuten goldbraun rösten.

2. Die Feigen waschen und vierteln, den Ziegenkäse in Scheiben schneiden. Die Brotscheiben zuerst mit Ziegenkäse und dann mit Feigen belegen, mit Trüffelsalz und Pfeffer würzen, mit Honig beträufeln und weitere 10–15 Minuten im Backofen rösten.

3. Für die Deko den Rucola waschen, trocken schütteln und auf 4 Brothälften verteilen. Die restlichen Brothälften mit dem Ziegenkäse und den Feigen nach oben auf den Rucola legen, die Sandwiches mit Holzspießen feststecken, mit Blüten dekorieren und sofort servieren.

Halloumi-Toasts mit pochierten Eiern

Toasts

1 Pck. Halloumi
   (225–250 g)
2 EL mildes Olivenöl
1 große Avocado
2–3 EL Zitronensaft
Salz, Pfeffer
3 Scheiben Zwiebel-
   oder Bauernbrot
3 EL Essig
4 Eier

Topping & Deko

100 g Zuckerschoten
Salz
1–2 Feigen
1–2 TL Chiasamen
essbare Blüten
   (z. B. Viola)

1. Für die Toasts den Halloumi mit Küchenpapier trocken tupfen und in ca. 1 cm dicke Scheiben schneiden. Die Scheiben nach Belieben diagonal halbieren und in Olivenöl wenden, auf einem Tischgrill oder in einer beschichteten Pfanne von jeder Seite 1–2 Minuten bei hoher Temperatur grillen oder braten.

2. Die Avocado halbieren, den Kern entfernen, das Fruchtfleisch aus den Schalen lösen und sofort in eine Schüssel geben. Mit dem Zitronensaft beträufeln und mit einer Gabel zerdrücken. Die Creme mit Salz und Pfeffer abschmecken. Die Brotscheiben nach Belieben toasten und mit der Avocadocreme bestreichen. 2 Scheiben auf Teller legen, die dritte Scheibe halbieren und je eine Hälfte auf die ganzen Scheiben legen. Den Halloumi dazulegen.

3. Für die pochierten Eier 1 l Wasser mit Essig und 1 EL Salz in einem breiten Topf zum Kochen bringen und mit einem kleinen Schneebesen einen Strudel erzeugen. Die Eier einzeln in eine Kelle aufschlagen und vorsichtig in den Strudel gleiten lassen, dabei mit einem Löffel das Eiweiß um das Eigelb ziehen. Herdplatte ausschalten und die Eier etwa 4 Minuten ziehen lassen. Anschließend mit einer Schaumkelle aus dem Wasser heben, gut abtropfen lassen und auf die Toasts setzen.

3. Für Topping & Deko die Zuckerschoten waschen, putzen und schräg in kurze Stücke schneiden. In wenig leicht gesalzenem Wasser ca. 4 Minuten dünsten, dann in einem Sieb gut abtropfen lassen. Die Feigen waschen, vierteln oder achteln und nach Belieben kurz in einer Pfanne ohne Zugabe von Fett grillen. Zuckerschoten und Feigen zu den Toasts geben, mit Chiasamen bestreuen, mit Blüten garnieren und sofort servieren.

Tramezzini mit Salatcreme und Eiern

Salatcreme

100 g Feldsalat
2 Schalotten
100 g Doppelrahm-
   Frischkäse
3 EL Mandelmehl
Salz, Pfeffer

Tramezzini

8 Scheiben Sand-
   wich-Vollkorntoastbrot
3 hart gekochte Eier
1 kleine rote Paprika-
   schote

Topping & Deko

2–3 EL Mandeln
½ Bund Schnittlauch

1. Für die Salatcreme den Feldsalat verlesen, gründlich waschen und gut trocken schleudern. Die Schalotten schälen und sehr fein würfeln. Vom Feldsalat einige Blättchen zum Garnieren beiseitelegen, den Rest zusammen mit dem Frischkäse pürieren. Das Mandelmehl und die Schalotten unterrühren und die Creme mit Salz und Pfeffer abschmecken.

2. Für die Tramezzini bei den Toastscheiben rundherum die Rinde dünn abschneiden und alle Scheiben mit etwas Salatcreme bestreichen, die übrige Creme zum Anrichten beiseitestellen. Die Eier schälen und in Scheiben schneiden. Die Paprika halbieren, waschen, Kerne und weiße Innenhäute entfernen und in sehr feine Streifen oder Würfel schneiden. Eier und Paprika auf 4 Brotscheiben verteilen, die übrigen Scheiben mit der bestrichenen Seite nach unten auflegen. Leicht andrücken, dann diagonal halbieren.

3. Für Topping & Deko die Tramezzini auf Teller legen. Die Mandeln grob hacken, den Schnittlauch waschen und trocken schütteln. Einige Halme ganz lassen, den Rest in Röllchen schneiden. Mandeln, Schnittlauch, übrige Salatcreme und Feldsalatblätter zum Garnieren verwenden.

Süßkartoffel-Taler mit Käse-Salsa

Süßkartoffel-Taler

1 Zwiebel
200 g kleine Zucchini
250 g Süßkartoffeln
1 Ei
35 g Semmelbrösel
1–2 EL Speisestärke
Salz, Pfeffer
Öl zum Braten

Käse-Salsa & Deko

100 g goldgelber Ched-
    dar
1 Bund Schnittlauch
1 rote Chilischote
2 EL Walnussöl
4 EL weißer Balsamico
Salz, Pfeffer
100 g rote kernlose
    Weintrauben
100 g Ricotta
3 EL Walnusskerne
essbare Blüten (z.B.
    Viola)

1. Für die Süßkartoffel-Taler die Zwiebel schälen und in feine Würfel schneiden. Zucchini waschen und raspeln, mit den Händen gut ausdrücken und in eine Schüssel geben. Die Süßkartoffeln waschen, ebenfalls grob raspeln und zu den Zucchini geben. Mit Ei, Semmelbrösel, Speisestärke, Salz und Pfeffer gründlich vermischen.

2. Etwas Öl in einer beschichteten Pfanne erhitzen, je Rösti ca. 2 EL der Masse in die Pfanne geben, gleichmäßig rund (ø ca. 6–7 cm) formen und bei mittlerer Temperatur von beiden Seiten goldbraun backen. Fertige Rösti warm stellen.

3. Für die Käse-Salsa & Deko den Käse in feine Würfel (ca. ½ cm groß) schneiden. Den Schnittlauch waschen, trocken schütteln und in feine Röllchen schneiden. Die Chilischote putzen, entkernen und in feine Streifen schneiden. Käse, Schnittlauch und Chilistreifen mit Walnussöl, Balsamico sowie mit etwas Salz und Pfeffer vermischen.

4. Die Trauben waschen und halbieren. Die Rösti zusammen mit der Käse-Salsa anrichten. Trauben, Ricotta und Walnusskerne ringsum verteilen und mit Blüten dekorieren.

Triple-Cheese-Bagels

Parmesan-Taler

50 g Parmesan

Honig-Ananas

1 EL Butter
2 Scheiben Ananas
1 EL Honig

Bagels

100 g Räucherlachs
50 g grüne
   Erbsensprossen
100 g Doppelrahm-
   Frischkäse
Salz, weißer Pfeffer
2 Bagels

Topping & Deko

gemischte Salatblätter
Fruchtessig
60 g Weichkäse (z. B.
   Geramont Le Snack)
Radieschen
essbare Blüten
   (z. B. Nelken, Viola)
Chiliflocken

1. Für die Parmesan-Taler den Parmesan reiben, löffelweise in eine beschichtete Pfanne geben und zu goldbraunen Talern backen. Die Pfanne vom Herd nehmen, die Taler etwas abkühlen lassen und aus der Pfanne nehmen.

2. Für die Honig-Ananas die Butter in der Pfanne aufschäumen, die Ananasscheiben darin goldbraun braten und dabei mit Honig beträufeln.

3. Für die Bagels etwas Lachs zum Anrichten beiseitelegen, restlichen Lachs in kleine Würfel schneiden. Die Erbsensprossen waschen und trocken schütteln, etwa ein Drittel beiseitelegen, den Rest hacken und zusammen mit den Lachswürfeln und dem Frischkäse verrühren. Mit Salz und Pfeffer abschmecken. Die Bagels aufschneiden und nach Belieben toasten. Die unteren Hälften mit Frischkäse bestreichen, auf Tellern anrichten und mit gebratener Ananas belegen.

4. Für Topping & Deko die Salatblätter waschen und sehr gut trocken schleudern, eventuell etwas kleiner zupfen. Zu den Bagels auf die Teller legen und mit dem Essig beträufeln. Den Weichkäse in Scheiben schneiden und auf die Ananas legen. Die Radieschen waschen, in dünne Scheiben schneiden und auf dem Käse verteilen. Alles nach Belieben mit Sprossen, Lachs, Blüten und Chiliflocken dekorieren. Den restlichen Frischkäse auf den Teller geben und die Parmesan-Taler einstecken.

Bagels mit Steakstreifen, Portobello-Pilzen und Käsesauce

FÜR 2 PORTIONEN

Bagels

1 Knoblauchzehe
5 EL Olivenöl
3 EL heller Balsamico
Salz, Pfeffer
2 Portobello-Pilze
200 g Rinderhüftsteak
1 große Fleischtomate
50 g Babyspinat
2 Bagels

Topping & Deko

30 g Butter
1 TL Weizenmehl
200 ml Sahne
150 g geriebener
 Cheddar
½ TL Zwiebelpulver
Salz, Pfeffer
1 EL schwarze
 Sesamsamen

1. Für die Bagels den Backofen auf 200 °C Ober- und Unterhitze vorheizen. Für die Pilze und den Babyspinat die Marinade vorbereiten. Dafür den Knoblauch schälen, fein hacken und mit 4 EL Olivenöl und dem Balsamico verrühren. Mit Salz und Pfeffer kräftig abschmecken und die Hälfte der Marinade beiseitestellen. Mit der anderen Hälfte die Pilze rundherum bestreichen, in eine kleine Backform geben und im Ofen ca. 30 Minuten garen, dabei einmal wenden.

2. Das restliche Öl in einer Pfanne erhitzen. Das Steak in Streifen schneiden und in der Pfanne rundherum bei hoher Temperatur in ca. 3 Minuten goldbraun braten, gegen Ende mit Salz und Pfeffer würzen.

3. Die Tomate waschen und ohne den Stielansatz in Scheiben schneiden. Den Spinat waschen, trocken schleudern und mit dem restlichen Dressing vorsichtig vermischen. Die Bagels aufschneiden und nach Belieben toasten, die unteren Hälften auf Teller legen.

4. Für Topping & Deko die Butter in einer Pfanne zerlassen und das Mehl darin anschwitzen. Unter ständigem Rühren langsam die Sahne angießen. Cheddar zugeben und komplett schmelzen lassen, dabei ständig rühren. Die Sauce mit Zwiebelpulver, Salz und Pfeffer abschmecken und warm halten.

5. Die Hälfte des Spinats auf den unteren Hälften der Bagels verteilen. Mit Tomatenscheiben, Pilzen und Steakstreifen belegen. Alles mit Käsesauce übergießen und den restlichen Spinat darüber verteilen. Mit Sesam bestreuen und zum Schluss die oberen Bagelhälften aufsetzen.

Pastrami-Bagels mit Radieschen-Relish

Pastrami-Bagels

4 Bagels
200 g Ziegenfrischkäse
Salz, Pfeffer
Currypulver
1 Handvoll Rucola
150–200 g Pastrami in
   dünnen Scheiben

Topping & Deko

1 kleines Bund Radies-
   chen mit Grün
   (ca. 20 Radieschen)
50 g Gewürzgurken
2 EL Einlegesud der
   Gewürzgurken
2 TL mittelscharfer Senf
3 EL Weißweinessig
1 EL Agavendicksaft
3 EL Tomatenketchup
Salz, Pfeffer
essbare Blüten
   (z.B. Tagetes)

1. Für die Pastrami-Bagels die Bagels halbieren und nach Belie-ben toasten. Alle Ringe mit Ziegenfrischkäse bestreichen, mit Salz, Pfeffer und Currypulver würzen. Den Rucola wa-schen und gut trocken schütteln, grob zerschneiden und auf die unteren Hälften legen. Pastrami locker falten und da-rauf arrangieren.

2. Für Topping & Deko die Radieschen mit ihrem Grün gründ-lich waschen und trocken schütteln. Einige Radieschen mit Grün für die Deko beiseitelegen, die restlichen Radieschen und ein wenig Radieschengrün sehr fein hacken.

3. Die Gewürzgurken ebenfalls fein hacken, mit gehackten Radieschen samt Grün, Einlegesud, Senf, Essig, Agaven-dicksaft und dem Tomatenketchup verrühren, mit Salz und Pfeffer abschmecken.

4. Etwa die Hälfte vom Relish auf die Pastramischeiben ge-ben, mit den oberen Bagelhälften abdecken, mit dem restli-chen Relish, den beiseitegelegten Radieschen und essbaren Blüten dekorieren.

Burger mit Avocado, Graved Lachs und pochierten Eiern

FÜR 2 PORTIONEN

Burger

1 Avocado
1 TL Zitronensaft
3 EL Essig
Salz
4 Eier
2 Burgerbrötchen
140 g Graved Lachs

Topping & Deko

1 Apfel
2 EL Butter
Salz, Pfeffer
200 ml Sauce
  hollandaise
Gartenkresse

1. Für die Burger die Avocado halbieren, den Kern entfernen, das Fruchtfleisch auslösen und in Spalten schneiden. Mit Zitronensaft beträufeln und beiseitestellen.

2. Für die pochierten Eier etwa 1 l Wasser mit Essig und 1 EL Salz in einem breiten Topf zum Kochen bringen und mit einem kleinen Schneebesen einen Strudel erzeugen. Die Eier einzeln in eine Kelle aufschlagen und vorsichtig in den Strudel gleiten lassen, dabei mit einem Löffel das Eiweiß um das Eigelb ziehen. Die Hitze ausschalten und die Eier etwa 4 Minuten ziehen lassen, anschließend mit einer Schaumkelle aus dem Wasser heben.

3. Für Topping & Deko den Apfel schälen, vierteln und entkernen, die Viertel in Spalten schneiden. Die Butter in einer Pfanne schmelzen lassen, die Apfelspalten darin in 1–2 Minuten goldbraun anbraten, mit Salz und Pfeffer würzen. Die Hollandaise in einem kleinen Topf erwärmen.

4. Die Burgerbrötchen aufschneiden, nach Belieben toasten, die unteren Hälften auf Teller legen und mit Avocadospalten, Lachs und Eiern belegen.

5. Apfelspalten und Sauce hollandaise darauf verteilen, obere Burgerhälften auflegen und mit Kresse garnieren.

TIPP: Die Sauce hollandaise selbst zubereiten. Dazu 200 g Butter in einem Topf schmelzen und etwas abkühlen lassen. 3 Eigelbe mit 50 ml Wasser und 1 EL Zitronensaft in einer Schüssel in einem heißen Wasserbad mit dem Schneebesen cremig schlagen. Die Butter nach und nach langsam unterrühren und die Sauce mit Salz und Pfeffer abschmecken.

ROLLED
& RAISED

Basilikum-Pfannkuchen mit Kirschtomaten

FÜR 2 PORTIONEN

Pfannkuchen

1 großes Bund Basilikum
1 Handvoll Blattspinat
250 ml Milch
150 g Weizenmehl
2 Eier
Salz, Pfeffer
Öl zum Backen

Topping & Deko

200 g Kirschtomaten
2 Knoblauchzehen
4 EL Olivenöl
2 EL Zucker
4 EL heller Balsamico
Salz, Pfeffer
125 g Mozzarella
2 EL grünes Pesto
Kräuter- und/oder Spi-
    natblättchen
essbare Blüten (z.B.
    Gänseblümchen)

1. Für die Pfannkuchen das Basilikum und den Spinat waschen und trocken schütteln, die sehr groben Stiele entfernen, die zarten Stiele und die Blättchen zusammen mit der Milch pürieren. Das Mehl und die Eier dazugeben, mit Salz und Pfeffer würzen und gründlich verrühren. Anschließend 10 Minuten quellen lassen.

2. Für Topping & Deko die Kirschtomaten waschen und nach Belieben halbieren. Die Knoblauchzehen schälen und in Scheiben schneiden. Das Olivenöl in einer breiten Pfanne erhitzen, die Tomaten und den Knoblauch darin leicht anbraten. Den Zucker darüber streuen und leicht karamellisieren lassen, dann den Essig darüber geben. Mit Salz und Pfeffer würzen und warm halten.

3. In einer beschichteten Pfanne etwas Öl verteilen und erhitzen. Aus dem Teig dünne Pfannkuchen backen. Diese zusammen mit den karamellisierten Tomaten auf Tellern anrichten. Mozzarella zerteilen und auf den Pfannkuchen verteilen. Mit Pesto, Kräuterblättchen und Blüten nach Belieben toppen und dekorieren.

Frischkäse-Spinat-Pancakes mit Lachscreme

FÜR 2 PORTIONEN

Pancakes

200 g Blattspinat
3 Zwiebeln
1 Knoblauchzehe
3 EL Olivenöl
Salz
2 Eier
100 g Doppelrahm-
  Frischkäse
150 g Dinkelmehl
1 TL Backpulver
2 EL Zitronensaft

Topping & Deko

200 g Doppelrahm-
  Frischkäse
200 g geräucherter
  Lachs in Scheiben
2 EL Zitronensaft
weißer Pfeffer
1 Apfel

1. Für die Pancakes den Spinat gründlich waschen, in einem Topf mit kochendem Wasser kurz blanchieren, abschrecken, gut abtropfen lassen und klein schneiden. Die Zwiebeln und den Knoblauch schälen und fein würfeln. 1 EL Olivenöl in einer Pfanne erhitzen, Knoblauch und Zwiebeln darin glasig andünsten und salzen.

2. Die Eier in einer Schüssel cremig schlagen, den Frischkäse zugeben und kurz weiterschlagen. Das Mehl mit dem Backpulver mischen, zu den Eiern geben und alles verrühren, bis ein glatter Teig entstanden ist. Mit dem Spinat, der Zwiebel-Knoblauch-Mischung und dem Zitronensaft verrühren. Das restliche Olivenöl in einer Pfanne erhitzen. Für jeden Pancake 1–2 Esslöffel Teig in die Pfanne geben und bei mittlerer Temperatur von beiden Seiten 3–4 Minuten goldbraun backen.

3. Für Topping & Deko den Frischkäse zusammen mit 150 g Lachs und 1 EL Zitronensaft in eine hohe Schüssel geben und mit einem Stabmixer fein pürieren. Anschließend mit etwas Pfeffer abschmecken.

4. Den Apfel waschen, mit einem Juliennereißer oder einem Messer in ganz feine Streifen schneiden, sofort mit dem restlichen Zitronensaft beträufeln. Die Pancakes auf die Teller geben, mit dem restlichen Lachs, den Apfelstreifen und der Lachscreme sofort servieren.

Chicken-Tacos mit Chimichurri-Creme

FÜR 4 PORTIONEN

Chicken-Tacos

400–500 g Hähnchen-
  brustfilet
2 EL Olivenöl
Taco-Gewürzmischung
Salz, Pfeffer
150 g Eisbergsalat
1 kleine rote Paprika-
  schote
1 Paket Crunchy Taco
  Shells (12 Stück, ca.
  150 g, z.B. von Fuego)

Topping & Deko

1 Zwiebel
1 Knoblauchzehe
1 kleine rote Chilischote
2 Bund glatte Petersilie
1 Stängel Oregano
4 EL Weinessig
4 EL Olivenöl
2 EL Salatcreme oder
  Mayonnaise
Salz, Pfeffer
4 Tomaten

1. Für die Chicken-Tacos die Hähnchenbrustfilets trocken tupfen. Das Olivenöl in einer Pfanne erhitzen und die Filets darin von beiden Seiten scharf anbraten. Mit der Gewürzmischung, Salz und Pfeffer würzen und rundherum bei mittlerer Temperatur ca. 10 Minuten braten. Das Fleisch aus der Pfanne nehmen und die Pfanne für die Tomaten beiseitestellen.

2. Den Eisbergsalat waschen und sehr gut trocken schleudern. Paprika waschen, vierteln, Kerne und weiße Innenhäute entfernen. Salat und Paprika in lange, sehr feine Streifen schneiden. Das gebratene Hähnchenbrustfilet ebenfalls in sehr lange und dünne Streifen schneiden. In die Tacos füllen und diese auf Teller geben.

3. Für Topping & Deko die Zwiebel und den Knoblauch schälen, die Chilischote putzen und entkernen. Die Kräuter waschen, trocken schütteln und die Blättchen abzupfen. Einige Blätter zum Garnieren beiseitelegen, den Rest zusammen mit Zwiebel, Knoblauch und Chilischote mit einem Blitzhacker sehr fein hacken.

4. Die zerkleinerten Zutaten mit Essig, Öl und Salatcreme oder Mayonnaise verrühren, mit Salz und Pfeffer abschmecken und über die Tacos geben.

5. Die Tomaten waschen, von den Stielansätzen befreien und halbieren. Die Pfanne wieder erhitzen, die Tomaten mit den Schnittflächen nach unten hineinlegen und kurz anbraten, zu den Tacos geben und alles mit Kräutern garnieren.

Tomaten-Crêpes mit Mozzarellacreme

FÜR 2 PORTIONEN

Tomaten-Crêpes

100 g Weizenmehl
2 Eier (Größe M)
125 ml Milch
125 ml Wasser
2 EL Olivenöl + etwas
zum Backen
2 EL Tomatenmark
Salz, Pfeffer

Mozzarellacreme & Deko

½ Bund Basilikum
125 g Büffelmozzarella
2 EL Schmand
2–3 EL Olivenöl
Salz, Pfeffer
1 große Ochsentomate
Crema di Balsamico
essbare Blüten
(z. B. Viola)

1. Für die Tomaten-Crêpes in einer Schüssel das Mehl mit den Eiern, Milch, Wasser, Olivenöl und Tomatenmark gründlich verquirlen, mit etwas Salz und Pfeffer würzen. Den Teig abgedeckt etwa 15 Minuten quellen lassen.

2. Aus dem Teig nach und nach in einer Crêpes-Pfanne in ganz wenig Olivenöl oder mit einem Crêpes-Maker ca. 8–10 dünne Crêpes backen.

3. Für Mozzarellacreme & Deko Basilikum waschen und trocken schütteln, einige Blättchen zum Garnieren beiseitestellen, den Rest zusammen mit dem Büffelmozzarella, Schmand, Olivenöl, Salz und Pfeffer pürieren. Einen Großteil der Creme auf 2 Teller verteilen.

4. Die Ochsentomate waschen und ohne den Stielansatz in dünne Scheiben schneiden.

5. Die Crêpes aufrollen oder zu Päckchen zusammenfalten, auf der Creme anrichten, die Tomatenscheiben und die restliche Creme anlegen, alles mit Basilikum, Crema di Balsamico und nach Belieben mit essbaren Blüten garnieren.

Zwiebel-Waffel-Sandwiches mit Dill und Forelle

FÜR 4–6 PORTIONEN

Zwiebel-Waffel-Sandwiches

1 Zwiebel
½ Bund Dill
60 ml Olivenöl
2 Eier
150 ml Milch
110 g Weizenmehl
Salz, Pfeffer
Pflanzenöl für das
   Waffeleisen

Topping & Deko

1 kleine unbehandelte
   Zitrone (und
   evtl. Zitronenspalten
   zum Garnieren)
3 zarte Frühlings-
   zwiebeln
150 g Doppelrahm-
   Frischkäse
150 g Skyr
Salz, Pfeffer
125 g geräuchertes
   Forellenfilet
½ Bund Dill
1 Gläschen Forellen-
   kaviar

1. Für die Zwiebel-Waffel-Sandwiches die Zwiebel schälen und in sehr feine Würfel schneiden. Dill waschen, trocken schleudern, die Spitzen von den Stängeln zupfen und hacken. Das Olivenöl mit den Eiern und der Milch verrühren. Dill, Zwiebelwürfel und Mehl unterrühren und den Teig mit Salz und Pfeffer würzen.

2. Ein Waffeleisen evtl. fetten, auf mittlerer Stufe aufheizen und nacheinander 4 goldbraune Waffeln backen. Die fertigen Waffeln nebeneinander auf einem Kuchengitter auskühlen lassen.

3. Für Topping & Deko die Zitrone heiß abwaschen und trocken reiben. Etwas Schale fein abreiben und 1–2 EL Saft auspressen. Die Frühlingszwiebeln waschen und in sehr dünne, schräge Ringe schneiden. Den Frischkäse mit dem Skyr verrühren, Zitronenschale und -saft sowie die Hälfte der Frühlingszwiebeln unterrühren und die Creme mit Salz und Pfeffer abschmecken. Die Forellenfilets in kleine Stücke teilen. Den Dill waschen, trocken schleudern und grob in Stücke zupfen.

4. Die Waffeln in einzelne Segmente teilen. Etwas Creme darauf verteilen und einige Forellen-Stücke darauf setzen, dann 3 Herzen stapeln und auf Tellern anrichten. Mit den übrigen vorbereiteten Zutaten sowie dem Forellenkaviar garnieren und servieren.

Tortilla-Waffeln mit Chorizo und Kicher- erbsen

FÜR 2 PORTIONEN

Tortilla-Waffeln

180 g Kartoffeln
2 Eier
Salz, Pfeffer
edelsüßes Paprikapulver
50 g Weizenmehl
2 EL Olivenöl + etwas
   für das Waffeleisen

Topping & Deko

4 kleine Chorizo-Würste
   (ca. 220 g)
Olivenöl zum Braten
1 kleine Dose Kicher-
   erbsen
Salz, Pfeffer
gemahlener Kreuz-
   kümmel
150 g Schafsmilch-
Joghurt (10 % Fett)
1 kleines Stück Salat-
   gurke
½ Bund Schnittlauch
essbare Blüten
   (z. B. Viola, Ringel-
   blumen)

1. Für die Tortilla-Waffeln die Kartoffeln schälen, waschen und grob raspeln. Mit den Eiern, Salz, Pfeffer und Paprikapulver verrühren. Das Mehl und das Olivenöl dazugeben und alles verrühren.

2. Ein Waffeleisen fetten und auf mittlerer Stufe aufheizen. Auf jedes Herz der Waffel etwa 1 EL Kartoffelteig geben und ein wenig verstreichen. Das Waffeleisen schließen und den Teig ca. 5 Minuten zu einer goldbraunen Waffel backen. Die Waffel herausnehmen und aus dem restlichen Teig eine zweite Waffel backen.

3. Für Topping & Deko die Chorizo-Würste längs halbieren, in einer Pfanne in wenig Olivenöl bei mittlerer Temperatur ca. 10 Minuten braten, zwischendurch wenden. Die Kichererbsen samt Einlegesud in einem kleinen Topf aufkochen, mit Salz, Pfeffer und Kreuzkümmel würzen, einmal aufkochen und dann in einem Sieb abtropfen lassen.

4. Den Schafsmilch-Joghurt mit etwas Salz, Pfeffer und Kreuzkümmel glattrühren. Die Gurke waschen und in Stifte schneiden. Den Schnittlauch waschen, trocken schütteln und in Röllchen schneiden.

5. Die Waffeln in einzelne Herzen teilen, zusammen mit der Chorizo, dem Joghurt, den Gurkenstiften und Kichererbsen auf Tellern anrichten und mit Schnittlauchröllchen und Blüten dekorieren.

Käse-Speck-Scones mit Süßkartoffelcreme

FÜR 8 PORTIONEN

Käse-Speck-Scones

140 g durchwachsener
  Räucherspeck
2 Frühlingszwiebeln
60 g kalte Butter
250 g Dinkelmehl
  (Type 630)
½ TL Salz
½ TL Zucker
1 EL Backpulver
1 TL Natron
100 g grob geriebener
  Cheddar
ca. 200 ml Sahne

Süßkartoffelcreme & Deko

600 g Süßkartoffeln
Salz, Pfeffer
3 EL Olivenöl
60 g Doppelrahm-
  Frischkäse
1 Frühlingszwiebel
2 EL helle Sesamsamen

1. Für die Käse-Speck-Scones den Räucherspeck in sehr kleine Würfel schneiden. Die Frühlingszwiebeln waschen, putzen und ebenfalls sehr fein würfeln. Den Speck in einer Pfanne ohne Zugabe von Fett knusprig ausbraten, die Frühlingszwiebeln zugeben, kurz mitbraten und auskühlen lassen.

2. Den Backofen auf 220 °C Ober- und Unterhitze vorheizen, ein Backblech mit Backpapier auslegen. Die Butter würfeln, mit Dinkelmehl, Salz, Zucker, Backpulver und dem Natron vermischen. Mit dem Cheddar und der Speck-Zwiebel-Mischung vermengen. Nach und nach ca. 150 ml Sahne zugeben und den Teig kneten, bis er gerade eben noch zusammenhält. Zu einem Kreis (ø ca. 20 cm) formen und auf das vorbereitete Blech legen. Mit einem Messer in 8 Stücke teilen, die Teile aber nur ein kleines bisschen voneinander trennen. Mit der übrigen Sahne einpinseln und im Ofen auf der mittleren Schiene 20 Minuten backen. Die Hitze auf 175 °C reduzieren und die Scones weitere 10 Minuten backen. Auf einem Gitter auskühlen lassen.

3. Für die Süßkartoffelcreme & Deko die Süßkartoffeln schälen. Eine Süßkartoffel (ca. 180 g) mit einem Spiralschneider in lange „Spaghetti" schneiden, den Rest in kleine Würfel schneiden. Die Würfel in einen Dämpfkorb geben, in einem gut verschlossenen Topf über wenig kochendem Wasser ca. 7 Minuten dämpfen. Dann die „Spaghetti" dazugeben, alles noch etwa 3 Minuten weiterdämpfen.

4. Die "Spaghetti" herausheben und beiseitestellen. Die gegarten Süßkartoffel-Würfel in eine Schüssel geben, mit Salz und Pfeffer würzen, zusammen mit Olivenöl und Frischkäse pürieren. Die Creme zusammen mit den Scones und den Süßkartoffel-"Spaghetti" anrichten. Die Frühlingszwiebel waschen, putzen und in schräge Ringe schneiden, zusammen mit dem Sesam über die anderen Zutaten streuen.

SWEET

TOOTH

Beerige Brioche-French-Toasts

French Toasts

2 Eier
100 ml Milch
2 EL Zucker
½ TL Zimt
Butter zum Braten
2 dicke Scheiben
  Brioche

Topping & Deko

300 g Preiselbeeren
  (aus dem Glas)
150 g Doppelrahm-
  Frischkäse
ca. 100 g verschiedene
  Beeren (z.B. Heidel-
  beeren, Himbeeren,
  Erdbeeren, Brom-
  beeren)
Erdbeer-Chips
essbare Blüten (z.B.
  Viola, Lavendel)
2 Kugeln Beeren-Eis
  (z.B. Himbeereis)
2 Eiswaffeln

1. Für die French Toasts die Eier mit Milch, Zucker und Zimt in einem tiefen Teller kräftig verquirlen. Reichlich Butter in einer breiten Pfanne erhitzen und aufschäumen. Die Brotscheiben zuerst in der Eiermilch wenden, dann in der Butter bei mittlerer Hitze goldbraun backen.

2. Für Topping & Deko die Preiselbeeren mit einem Stabmixer fein pürieren und durch ein Sieb streichen. Die Hälfte mit dem Frischkäse glatt rühren und kalt stellen. Den Rest mit einem Silikonspatel in 2 breiten Streifen über 2 Teller streichen.

3. French Toasts jeweils auf den Preiselbeerstreifen setzen, mit Beeren, Erdbeer-Chips und Blüten dekorieren. Anschließend je eine Kugel Eis und eine Waffel aufsetzen und mit der übrigen Preiselbeer-Frischkäse-Creme servieren.

Sahne-Waffeln mit Himbeeren

FÜR 6 PORTIONEN

Waffeln

80 g weiche Butter
+ etwas für das
Waffeleisen
2 Eier
80 g Hagelzucker
170 g Weizenmehl
250 ml Sahne

Topping & Deko

150 g Frischkäse
100 ml Sahne
1–2 EL Puderzucker
1–2 EL Rote-Bete-Saft
150 g Himbeeren
60 g Marshmallows
1–2 TL rosa Zucker
1–2 TL zerbröselte
gefriergetrocknete
Beeren
(z. B. Himbeeren)
essbare Blüten
(z. B. Vergissmein-
nicht)

1. Für die Waffeln die Butter in einer Schüssel mit einem Handrührgerät cremig schlagen. Zunächst Eier und Hagelzucker, dann Mehl und Sahne unterrühren.

2. Das Waffeleisen auf mittlerer Stufe aufheizen und leicht fetten. Teig, je nach gewünschter Waffelgröße, in die Mitte auf das Eisen setzen. Den Deckel schließen und den Teig je nach Waffeleisen ca. 3–4 Minuten goldbraun backen. Auf einem Kuchengitter ruhen lassen, während die anderen Waffeln gebacken werden.

3. Für Topping & Deko den Frischkäse mit Sahne, Puderzucker und Rote-Bete-Saft verrühren. Die Himbeeren vorsichtig waschen und trocken tupfen. Die Marshmallows mit einem Küchen-Bunsenbrenner etwas karamellisieren.

4. Die Waffeln auf Teller legen, die Creme auf den Waffeln verteilen und mit Himbeeren, Marshmallows, rosa Zucker, gefriergetrockneten Beeren und Blüten dekorieren.

Fluffy Pancakes

FÜR 2 PORTIONEN

Pancakes

175 ml Milch
2 EL Weißweinessig
125 g Weizenmehl
2 EL Zucker
1 TL Backpulver
½ TL Natron
½ TL Salz
1 Ei
30 g zerlassene Butter +
  etwas zum Braten

Topping & Deko

ca. 100 g verschiedene
  Beeren (z.B. Heidel-
  beeren, Himbeeren,
  Erdbeeren)
40 g Kiwi-Beeren
  (ersatzweise 1 kleine
  Kiwi)
1 rote Pflaume
2 Kugeln Vanilleeis
50 ml Ahornsirup
rosa Zucker
essbare Blüten
  (z.B. Viola)

1. Für die Pancakes die Milch mit dem Essig verrühren und 5 Minuten beiseitestellen. In einer Rührschüssel das Mehl mit dem Zucker, Backpulver, Natron und Salz vermischen. Das Ei trennen und das Eiweiß steif schlagen. Das Eigelb, die Butter und die vorbereitete Milch zu den trockenen Zutaten geben und verrühren, zuletzt den Eischnee unterheben.

2. In einer breiten beschichteten Pfanne etwas Butter erhitzen und aus dem Teig nach und nach ca. 10 dicke Pancakes backen.

3. Für Topping & Deko die Früchte ggf. waschen, putzen und klein schneiden. Die Pancakes auf Tellern aufeinander stapeln, jeweils eine Kugel Vanilleeis obenauf setzen und den Ahornsirup darüber träufeln. Alles mit Früchten, rosa Zucker und essbaren Blüten dekoriert sofort servieren.

VARIANTE: Vegane Pancakes

Dafür 250 ml Mandeldrink mit 1 EL Apfelessig verrühren und kurz ruhen lassen. 75 g Mandelmehl, 50 g lösliche Haferflocken, 1 EL Backpulver und 1 TL Zimt vermischen. 1 reife Banane mit einer Gabel zerdrücken, mit den übrigen Zutaten verrühren und mit 1–2 EL Ahornsirup süßen. Anschließend wie beschrieben zubereiten.

Dutch Baby mit Erdbeer-Grapefruit-Salat

Dutch Baby

3 Eier
1 Prise Salz
1 Msp. gemahlene
  Vanille
100 g Weizenmehl
175 ml Milch
2 EL Butter für die
  Form

Topping & Deko

250 g Erdbeeren
1 rosa Grapefruit
2 EL Zitronensaft
1–2 EL heller flüssiger
  Honig
2 Kugeln Erdbeereis
Pistazienkerne

1. Für das Dutch Baby den Backofen auf 220 °C Ober- und Unterhitze vorheizen. Eine feuerfeste Form (ø ca. 22 cm, mindestens 5 cm hoch, da der Pfannkuchen sehr in die Höhe steigt) mit in den Ofen stellen.

2. Die Eier in einer Schüssel mit Salz und Vanille glatt rühren. Nach und nach das Mehl und die Milch unterrühren, bis ein glatter Teig entsteht. Die Form aus dem Ofen nehmen, die Butter darin schmelzen lassen und durch Schwenken der Form oder mit einem Silikonpinsel gut verteilen – auch am Rand. Den Teig in die Form gießen, in den Ofen stellen und den Pfannkuchen ca. 15 Minuten backen.

3. Für Topping & Deko die Erdbeeren waschen, putzen und nach Belieben klein schneiden. Die Grapefruit schälen, die Filets aus den Trennhäuten schneiden und halbieren. In einer Schale den Zitronensaft mit dem Honig verquirlen und die Früchte darin wenden.

4. Die Form aus dem Ofen nehmen und den Pfannkuchen mit Früchten, Eis sowie Pistazien garnieren. Sofort servieren, damit der Pfannkuchen nicht zusammenfällt.

Croissants mit Sahne-Lavendel-Creme und Beeren

FÜR 2 PORTIONEN

Croissants mit Sahne-Lavendel-Creme

100 ml Sahne
60 g Schmand
1 EL Puderzucker
1–2 TL Lavendelsirup
   (z.B. von Monin)
2 Croissants

Topping & Deko

100 g Waldbeer-Konfi-
   türe
300 g gemischte Beeren
   (z.B. Heidelbeeren,
   Brombeeren, Him-
   beeren, Erdbeeren)
getrocknete Lavendel-
   blüten
gefriergetrocknete
   Erdbeer-Chips
Puderzucker

1. Für die Croissants die Sahne steif schlagen. Den Schmand mit dem Puderzucker und dem Lavendelsirup glatt rühren. Anschließend die geschlagene Sahne unterheben.

2. Die Croissants aufschneiden, die unteren Hälften jeweils auf einen Teller legen und dick mit der Creme bestreichen.

3. Für Topping & Deko die Konfitüre in einem kleinen Topf auf dem Herd oder in der Mikrowelle leicht erwärmen, zu den Croissants auf die Teller geben und verstreichen. Die Beeren vorsichtig waschen, abtropfen lassen und verlesen, die Erdbeeren klein schneiden. Die Früchte auf den Croissants und den Tellern verteilen, alles mit Lavendelblüten und Erdbeer-Chips bestreuen. Die oberen Croissanthälften anlegen und alles mit Puderzucker bestäuben.

Cranberry-Scones mit Mango-Kiwi-Creme

FÜR 4–6 PORTIONEN

Cranberry-Scones

300 g Weizenmehl +
　etwas zum Bearbeiten
2 TL Backpulver
½ TL Natron
1 Prise Salz
3 EL Puderzucker
75 g weiche Butter
150 ml Sahne
60 g getrocknete
　Cranberrys

Mango-Kiwi-Creme

1 Mango
1 Pck. Gelierzucker für
　kalt gerührten Frucht-
　aufstrich (185 g)
1–2 Kiwis

Topping & Deko

200 g Mascarpone
2 EL Puderzucker
1 Kiwi
Schokoladenraspel
　oder -locken
essbare Blüten
　(z.B. Viola)

1. Für die Scones den Backofen auf 180 °C Ober- und Unterhitze vorheizen und ein Backblech mit Backpapier auslegen.

2. In einer Rührschüssel das Mehl mit Backpulver, Natron, Salz und Puderzucker vermischen. Mit Butter und 130 ml Sahne zu einem glatten Teig verkneten. Die getrockneten Cranberrys etwas kleiner hacken und unter den Teig kneten.

3. Den Teig auf einer leicht bemehlten Arbeitsfläche ca. 1,5 cm dick ausrollen. Mithilfe eines Glases (ø ca. 6 cm) ca. 8–10 Kreise ausstechen. Die Kreise auf das vorbereitete Blech legen, mit etwas Sahne einpinseln und im Ofen ca. 20 Minuten backen.

4. Für die Mango-Kiwi-Creme die Mango schälen, das Fruchtfleisch in Spalten vom Stein abschneiden. 200 g davon abwiegen und klein würfeln (den Rest für die Deko beiseitestellen), zusammen mit dem Gelierzucker in einen hohen Rührbecher geben und alles mit einem Pürierstab ca. 45 Sekunden mixen. Die Kiwis schälen, klein würfeln und unter die Mango-Creme rühren.

5. Für Topping & Deko die Mascarpone mit dem Puderzucker cremig schlagen. Die Kiwi schälen und in Scheiben schneiden. Die Scones quer halbieren, auf die unteren Hälften etwas Mascarpone-Creme und Mango-Kiwi-Creme geben und die obere Hälfte aufsetzen. Zusammen mit den beiseitegestellten Mangospalten, den Kiwischeiben, der restlichen Mascarpone-Creme auf Tellern anrichten und mit Schokolade sowie Blüten dekorieren.

French Toasts mit Mascarponecreme und Bacon

FÜR 2 PORTIONEN

French Toasts

2 Eier
100 ml Milch
2 EL Zucker
½ TL gemahlene Vanille
4 Scheiben Kasten-
   weißbrot
Butter zum Braten

Topping & Deko

2 unbehandelte
   Orangen
100 g Mascarpone
100 g Magerquark
evtl. etwas Zucker
2-3 Kumquats
4 Erdbeeren
8 Blätter Blutampfer
4 Scheiben Bacon
4 EL Agavendicksaft
essbare Blüten
   (z.B. Campanula oder
   Glockenblumen)

1. Für die French Toasts die Eier mit Milch, Zucker und Vanille in einem tiefen Teller kräftig verquirlen. Die Brotscheiben entrinden und eventuell diagonal halbieren. Reichlich Butter in einer breiten Pfanne aufschäumen. Die Brotscheiben bzw. -ecken in der Eiermilch wenden, dann in der Butter bei mittlerer Temperatur goldbraun backen.

2. Für Topping & Deko die Orangen heiß abwaschen und trocken reiben. Etwas Schale mit einem Juliennereißer abziehen, einige dünne Scheiben von einer Frucht abschneiden oder einige Filets auslösen, das übrige Fruchtfleisch von Schale und weißer Trennhaut befreien, klein würfeln und mit Mascarpone und Quark verrühren. Anschließend nach Belieben mit etwas Zucker süßen. Die Kumquats waschen, trocken reiben und in Scheiben schneiden. Die Erdbeeren waschen, trocken tupfen und halbieren. Den Blutampfer ebenfalls waschen und trocknen. Die Baconscheiben in einer Pfanne ohne Zugabe von Fett knusprig braten.

3. French Toasts auf Teller setzen, mit der Mascarponecreme, Orangenscheiben oder -filets sowie gebratenem Bacon toppen, mit Orangenspänen bestreuen und mit Agavendicksaft beträufeln. Mit Kumquats, Erdbeeren, Blutampfer und Blüten nach Belieben dekorieren.

Kaffee-Soufflé mit Schokosauce

FÜR 4 PORTIONEN

Kaffee-Soufflé

Fett für die Förmchen
60 g dunkle Schokolade
1–2 EL lösliches
   Kaffeepulver
3 Eier
1 EL Puderzucker + etwas
   zum Bestäuben
2 Prisen gemahlene
   Vanille
1 EL Weizenmehl

Schokosauce & Deko

75 g weiße Schokolade
60 ml Sahne
1 kleines Glas entsteinte
   Sauerkirschen (ca. 175 g
   Abtropfgewicht)
4 Kugeln Eis
   (z.B. Kirscheis)
essbare Blüten
   (z.B. Viola)

1. Für das Kaffee-Soufflé den Backofen auf 175 °C Ober- und Unterhitze vorheizen. 4 Souffléförmchen (ca. 150 ml Inhalt) gründlich fetten. Die Schokolade hacken und bei kleiner Stufe in der Mikrowelle oder in einem warmen Wasserbad schmelzen lassen. Das Kaffeepulver mit 1 EL heißem Wasser auflösen und unter die Schokolade rühren.

2. Die Eier trennen. Die Eiweiße mit den Quirlen des Handrührers zu steifem Schnee schlagen, dann beiseitestellen. In einer anderen Schüssel die Eigelbe mit 1 EL warmem Wasser, Puderzucker und Vanille cremig aufschlagen. Die geschmolzene Schokolade einrühren. Die Hälfte des Eischnees unterrühren, den Rest zugeben, mit dem Mehl bestreuen und alles vorsichtig vermengen. In die vorbereiteten Förmchen verteilen, im Backofen auf mittlerer Einschubhöhe ca. 20 Minuten backen.

3. Für Schokosauce & Deko von der weißen Schokolade mit einem Sparschäler Späne abhobeln und beiseitestellen. Den Rest der Schokolade grob zerkleinern und mit der Sahne in einem kleinen Topf erwärmen, bis die Schokolade geschmolzen ist.

4. Die Kirschen in einem Sieb gut abtropfen lassen, zusammen mit den Soufflés, weißer Schokosauce und Kirscheis anrichten, mit Schokospänen und Blüten garnieren und sofort servieren.

SPOONING

Exotische Hirse-Bowls

FÜR 2 PORTIONEN

Bowls

150 g Hirse
600 ml Milch
2 EL Rohrohrzucker
¼ TL gemahlene Vanille

Topping & Deko

1 kleine Banane
1 EL Butter
1 EL Honig
verschiedene exotische
    Früchte (z. B. Mango,
    Papaya, Maracuja,
    Kiwi, Kiwi-Beeren)
Kokos-Chips
Chiasamen
gehackte Mandeln
Minzeblättchen
essbare Blüten
    (z. B. Viola, Tagetes)

1. Für die Bowls die Hirse und die Milch in einem kleinen Topf zum Kochen bringen, mit Zucker und Vanille süßen, dann die Hirse bei mittlerer Hitze und unter häufigem Rühren ca. 20–30 Minuten köcheln lassen. Anschließend in 2 große Schalen füllen.

2. Für Topping & Deko die Banane schälen und längs halbieren. Die Butter in einer kleinen Pfanne erhitzen, die Bananenhälften darin goldbraun anbraten und dabei mit Honig beträufeln. Die Früchte der Sorte entsprechend vorbereiten und klein schneiden. Die Banane und die übrigen Früchte auf der Hirse anrichten und nach Belieben mit Kokos-Chips, Chiasamen, Mandeln, Minzeblättchen und Blüten dekorieren.

Müsli-Crumble mit Früchten und Vanilleeis

FÜR 2 PORTIONEN

Crumble

2 Äpfel
2 EL Limettensaft
1 Orange
200 g Himbeeren
50 g Butter
200 g gemischte
    Getreideflocken
100 ml Ahornsirup

Topping & Deko

essbare Blüten
    (z.B. Rosenblätter)
Vanilleeis

1. Für den Crumble den Backofen auf 180 °C Ober- und Unterhitze vorheizen. Die Äpfel waschen, vierteln, entkernen, in dünne Scheiben schneiden und mit dem Limettensaft beträufeln. Die Orange filetieren und zusammen mit den Äpfeln und Himbeeren in eine Backform geben.

2. Die Butter in einer Pfanne schmelzen lassen. Die Getreideflocken und den Ahornsirup zugeben, alles gut vermischen und 2–3 Minuten sanft rösten. Die Mischung auf dem Obst verteilen und alles im Ofen auf der mittleren Schiene ca. 35–40 Minuten goldbraun backen

3. Für Topping & Deko die Blütenblätter abzupfen, zusammen mit dem Vanilleeis auf den Crumble setzen und servieren.

Schoko-Chia-Pudding mit Kumquats und Schokoraspeln

FÜR 2 PORTIONEN

Schoko-Chia-Pudding

350 ml ungesüßter
  Mandeldrink
3 EL Kakaopulver
2 EL Ahornsirup
gemahlene Vanille und/
  oder Zimt
50 g Chiasamen

Topping & Deko

100 g Kumquats
1 unbehandelte Orange
2 EL Ahornsirup
etwas gekühlte weiße
  und dunkle Schoko-
  lade
essbare Blüten
  (z. B. Viola)

1. Für den Schoko-Chia-Pudding den Mandeldrink gut mit Kakaopulver, Ahornsirup und Vanille und/oder Zimt verquirlen und abschmecken. Die Chiasamen dazugeben, alles noch einmal gründlich verrühren und abgedeckt über Nacht in den Kühlschrank stellen.

2. Am nächsten Morgen die Schoko-Chia-Mischung gründlich durchrühren und in 2 Gläser oder Schalen verteilen.

3. Für Topping & Deko die Kumquats heiß abwaschen und halbieren. Die Orange heiß abwaschen und trocken reiben, etwas Schale mit einem Juliennereißer abziehen. Anschließend die Orange filetieren, den abtropfenden Saft dabei auffangen und die Filets nach Belieben halbieren.

4. Den Ahornsirup und den abgetropften Orangensaft in einem kleinen Topf leicht erhitzen. Die Kumquats darin einmal aufkochen, anschließend vom Herd nehmen und die Orangenfilets untermischen.

5. Von der Schokolade mit einem Sparschäler Streifen abziehen oder die Schokolade auf einer Reibe grob raspeln. Die Gläser oder Schälchen mit dem Pudding auf Teller setzen, die marinierten Kumquats und Orangen darüber geben und mit den Blüten und der Schokolade dekorieren.

Breakfast-Risotto mit Pflaumen und Pistazien

FÜR 2 PORTIONEN

Risotto

1 unbehandelte Orange
1 EL Butter
125 g Risottoreis
1 Prise Salz
300 ml Milch
1 EL Rohrohrzucker
¼ TL gemahlene Vanille
2 EL Skyr

Topping & Deko

250 g Pflaumen
   (ggf. rote und gelbe
   Früchte)
1 EL Rohrohrzucker
¼ TL gemahlene Vanille
2 EL Pistazienkerne
2–4 Apfelscheiben
   (z.B. von einem Kis-
   sabel-Apfel mit rötli-
   chem Fruchtfleisch)
essbare Blüten
   (z.B. Viola)

1. Für den Risotto die Orange heiß abwaschen und trocken reiben, die Schale fein abreiben und den Saft auspressen. Die Butter in einem kleinen Topf aufschäumen, Reis, Salz und Orangenschale einrühren. Nach und nach die Milch angießen und den Reis bei niedriger Temperatur ca. 15 Minuten leicht köcheln lassen, dabei häufig umrühren.

2. Zucker, Vanille, Skyr und den ausgepressten Orangensaft einrühren und weitere 5 Minuten bei niedriger Temperatur garen.

3. Für Topping & Deko die Pflaumen waschen, entsteinen und klein schneiden, in einem kleinen Topf mit Zucker und Vanille mischen und einmal aufkochen lassen, damit die Früchte etwas Saft ziehen. Den Risotto auf zwei Teller verteilen, die Pflaumen darauf geben, mit den Pistazienkernen bestreuen und mit Apfelscheiben und Blüten garnieren.

Cappuccino-Porridge mit Amarettini

Cappuccino-Porridge

ca. 250 ml Milch
100 g Dinkelflocken
2–3 TL lösliches Kaffee-
   pulver
1–2 EL Rohrohrzucker

Topping & Deko

40 g Mandeln
80–100 g getrocknete
   Früchte (z.B. Apriko-
   sen, Mango, Ananas)
50 g Amarettini
je 1–2 EL Mandel- und
   Granatapfelsirup
essbare Blüten
   (z.B. Zinnia)

1. Für den Cappuccino-Porridge die Milch und die Flocken mit Kaffeepulver und Zucker in einen Topf geben, alles verrühren
und 2–3 Minuten bei niedriger Temperatur köcheln lassen.
Eventuell etwas mehr Milch zugeben, wenn der Porridge zu
fest erscheint, und anschließend in 2 Schalen verteilen.

2. Für Topping & Deko die Mandeln grob hacken und in einer
beschichteten Pfanne bei mittlerer Temperatur ohne Zugabe von Fett kurz rösten, bis sie angenehm duften. Die
getrockneten Früchte etwas kleiner schneiden und zusammen mit den gerösteten Mandeln und den Amarettini auf
den Porridge geben. Mit Sirup beträufeln und mit Blüten
dekorieren.

Banana-Smoothie-Bowls mit Früchten und Flocken

Banana-Smoothie-Bowls

2 kleine reife Bananen
Saft von 1 Limette
250 g Joghurt (3,5 %
Fett)
100 ml Orangensaft
60 g lösliche Hafer-
flocken (Instant-
Haferflocken)
ca. ½ TL Zimt

Topping & Deko

1 kleine Mango
1 Kiwi
2 EL kernige Hafer-
flocken
2 EL Kokos-Chips
50 ml Sahne
essbare Blüten (z.B.
Viola)
2 Stangen Zimt oder
etwas gemahlener Zimt

1. Für die Banana-Smoothie-Bowls die Bananen schälen und in Stücke schneiden, sofort zusammen mit dem Limettensaft, Joghurt, Orangensaft und den Haferflocken im Mixer pürieren. Den Smoothie mit Zimt abschmecken und in zwei Bowls füllen.

2. Für Topping & Deko die Mango schälen. Einige dünne Spalten vom Stein schneiden, das übrige Fruchtfleisch ebenfalls vom Stein schneiden und würfeln. Die Kiwi schälen und in Scheiben schneiden. Die Haferflocken und die Kokos-Chips in einer kleinen Pfanne ohne Zugabe von Fett kurz rösten, bis sie angenehm duften.

3. Die Früchte auf die Bowls geben, mit Haferflocken und Kokos-Chips bestreuen und mit Sahne beträufeln. Nach Belieben mit Blüten, Zimtstangen oder gemahlenem Zimt garnieren.

Reisbällchen mit roter Grütze

Reisbällchen

1 EL Butter + etwas
  zum Braten
100 g Risottoreis
1 Prise Salz
300 ml Reisdrink (oder
  Milch)
1½ EL Crème fraîche
1 EL Rohrohrzucker
¼ TL Zimt
Semmelbrösel zum
  Wenden

Rote Grütze & Deko

1 unbehandelte Orange
250 g aufgetaute
  gemischte TK-Beeren
2 EL Rohrohrzucker
1 TL Speisestärke
1–2 Stängel Zitronen-
  melisse oder Minze
essbare Blüten
  (z.B. Calendula)

1. Für die Reisbällchen die Butter in einem kleinen Topf aufschäumen, den Reis und Salz einrühren. Nach und nach den Reisdrink angießen und den Reis ohne Deckel bei niedriger Temperatur ca. 15 Minuten leicht köcheln lassen, dabei häufig umrühren. Crème fraîche, Zucker und Zimt einrühren und ca. 5 Minuten bei niedriger Temperatur weitergaren. Den Reis in eine Schüssel füllen und abgedeckt über Nacht kalt stellen.

2. Semmelbrösel in einen tiefen Teller geben. Von der Reismasse jeweils ca. 2 EL abnehmen, zwischen den Handflächen zu kleinen Kugeln formen und in den Semmelbröseln wenden. Butter in einer kleinen Pfanne aufschäumen und die Reisbällchen darin rundherum bräunen.

3. Für die Rote Grütze & Deko die Orange heiß abwaschen und trocken reiben. Einige dünne Scheiben für die Garnitur abschneiden, aus dem Rest den Saft auspressen.

4. Die Beeren in einem Topf mit dem Zucker und dem Orangensaft zum Kochen bringen. Die Speisestärke mit etwas kaltem Wasser glatt rühren, zu den Beeren geben und alles noch einmal aufkochen lassen. Anschließend etwas abkühlen lassen.

5. Die Grütze zusammen mit den Reisbällchen anrichten, mit Orangenscheiben, Zitronenmelisse- oder Minzeblättchen und Blüten dekorieren.

Erbsen-Gazpacho mit Curry-Türmchen

Erbsen-Gazpacho

1 kleine Zwiebel
200 g mehligkochende
   Kartoffeln
1 EL Olivenöl
200 g TK-Erbsen
400 ml Gemüsebrühe
50 g Crème légère
Salz, Pfeffer

Curry-Türmchen

3 Blatt Gelatine
150 ml Milch
100 g Crème légère
Salz, Pfeffer
2–3 TL Currypulver

Topping & Deko

Erbsensprossen
Minzeblättchen
Cashewkerne
   (geröstet & gesalzen)
Currypulver

1. Für die Erbsen-Gazpacho die Zwiebel und die Kartoffeln schälen und würfeln, beides in einem kleinen Topf im Olivenöl bei mittlerer Temperatur andünsten. Die Erbsen und die Brühe zugeben, alles aufkochen und zugedeckt bei mittlerer Temperatur ca. 15 Minuten köcheln lassen, bis die Kartoffeln gar sind.

2. Einige Erbsen aus der Brühe nehmen und abgedeckt beiseitestellen. Den Rest fein pürieren, Crème légère untermixen, die Suppe mit etwas Salz und Pfeffer abschmecken und abgedeckt über Nacht kalt stellen.

3. Für die Curry-Türmchen die Gelatine ca. 5 Minuten in kaltem Wasser einweichen. Etwas Milch in einem kleinen Topf auf dem Herd oder in der Mikrowelle erhitzen, die Gelatine ausdrücken und in der warmen Milch auflösen. Mit der übrigen Milch und Crème légère verrühren, mit Salz, Pfeffer und Currypulver pikant abschmecken, in 2 Timbal- oder Auflaufförmchen (oder hohe Gläser) geben und im Kühlschrank gelieren lassen.

4. Am nächsten Morgen die Suppe abschmecken und in 2 tiefe Teller geben. Die gelierte Currymilch vorsichtig stürzen und in die Suppe setzen.

5. Für Topping & Deko alles mit den restlichen Erbsen, Erbsensprossen, Minzeblättchen sowie Cashewkernen dekorieren und nach Belieben mit etwas Currypulver bestäuben.

Orangen-Milchreis mit Cashews und Papaya

Orangen-Milchreis

1 kleine unbehandelte
  Orange
70 g Milchreis (Rund-
  kornreis)
1 Prise Salz
250 ml Milch
1 EL Rohrohrzucker
¼ TL gemahlene Vanille

Topping & Deko

1 kleine unbehandelte
  Orange
80 g Cashewmus
1 EL flüssiger Honig
1 kleine Papaya
1 Handvoll geröstete
  Cashewkerne
essbare Blüten (z. B.
  Viola)

1. Für den Orangen-Milchreis die Orange heiß abwaschen und trocken reiben, etwas Schale dünn abreiben und den Saft auspressen. Den Reis mit der Orangenschale, Salz, Milch, Zucker und Vanille in einem kleinen Topf aufkochen und mit Deckel bei niedriger Temperatur ca. 25 Minuten quellen lassen, dabei gelegentlich umrühren. Den Orangensaft unterrühren, dann den Reis in eine Schüssel umfüllen und abgedeckt über Nacht kalt stellen.

2. Für Topping & Deko die Orange heiß abwaschen, trocken reiben, etwas Schale mit einem Juliennereißer abziehen und den Saft auspressen. Den Saft mit dem Cashewmus und dem Honig pürieren.

3. Die Papaya halbieren und die Kerne entfernen. Den größten Teil vom Fruchtfleisch mit einem Kugelausstecher aus den Hälften lösen.

4. Den Reis noch einmal durchrühren, in die Papayahälften geben und die Papayakugeln auflegen. Etwas Cashewcreme darüber träufeln, den Rest separat dazu servieren. Alles mit Orangenraspeln, Cashewkernen und Blüten garnieren.

Bratapfel-Porridge mit Karamell-Nüssen

Bratapfel-Porridge

1 großer fester Äpfel
(mit roter Schale)
1 EL Butter
40 g Rosinen
1 Prise gemahlene
Nelken
1 Prise Zimt
375 ml ungesüßter
Haferdrink
125 g kernige Hafer-
flocken
1 EL Rohrohrzucker
1 Prise gemahlene
Vanille

Topping & Deko

50 g gemischte
Nusskerne
1–2 EL Butter
2 EL Rohrohrzucker
essbare Blüten
(z.B. Alyssum)

1. Für den Bratapfel-Porridge den Apfel waschen, trocken reiben, vierteln und entkernen. Anschließend in dicke Spalten oder grobe Würfel schneiden. Die Butter in einer Pfanne aufschäumen, die Apfelstücke darin verteilen und ca. 2 Minuten anbraten. Die Rosinen dazugeben, mit Nelken und Zimt würzen und beiseitestellen.

2. In einem kleinen Topf den Haferdrink mit den Haferflocken verrühren, unter Rühren zum Kochen bringen, ca. 2 Minuten köcheln lassen und anschließend vom Herd nehmen. Zucker und Vanille zugeben, umrühren, in 2 Bowls füllen und einige Minuten quellen lassen.

3. Für Topping & Deko die Nusskerne grob hacken. Die Butter in einer kleinen Pfanne aufschäumen, die Nüsse darin leicht rösten, bis sie angenehm duften. Den Zucker darüber streuen und karamellisieren lassen.

4. Die Äpfel und die Karamell-Nüsse über den Porridge geben und nach Belieben mit Blüten dekorieren.

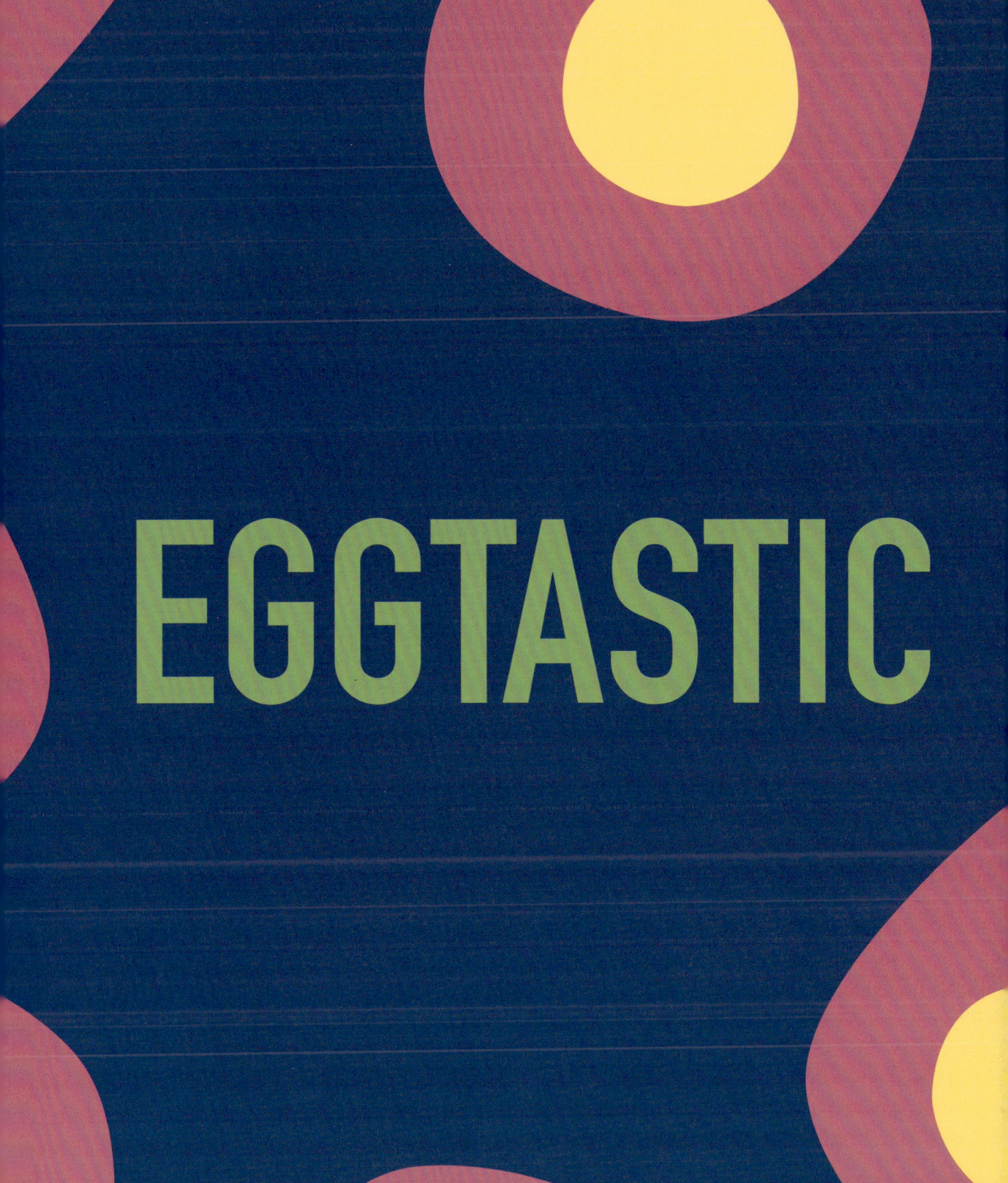

EGGTASTIC

Feta-Koriander-Schakschuka

FÜR 2 PORTIONEN

Schakschuka

2 Schalotten
1 gelbe Paprikaschote
2 Knoblauchzehen
½ Bund Koriander
2 EL Olivenöl
1 TL Rohrohrzucker
400 g gehackte Tomaten
   (Dose)
½ TL gemahlener
   Kreuzkümmel
Chiliflocken
Salz, Pfeffer
70 g Feta
4 Eier

Brot

2 Scheiben Weißbrot
2 EL Olivenöl

1. Für die Schakschuka die Schalotten schälen und in Streifen schneiden. Die Paprika halbieren und waschen, Kerne und weiße Innenhäute entfernen und die Hälften ebenfalls in Streifen schneiden. Den Knoblauch schälen und in Scheiben schneiden. Koriander waschen, trocken schleudern und die Blätter abzupfen. Die Hälfte davon hacken, die andere Hälfte bis zum Servieren beiseitestellen.

2. Das Olivenöl in einer Pfanne erhitzen und die Schalotten mit dem Knoblauch darin glasig andünsten. Die Paprika und den Zucker zugeben und kurz mitdünsten. Die Tomaten zugeben und alles mit Kreuzkümmel, Chiliflocken, Salz und Pfeffer würzen. Bei mittlerer Temperatur ca. 20 Minuten offen köcheln lassen.

3. Den Feta in kleine Würfel schneiden und zusammen mit dem gehackten Koriander auf die Sauce geben. Mit einem Löffel zwei Mulden in die Sauce drücken. Die Eier einzeln aufschlagen und in die Mulden geben und ca. 10 Minuten stocken lassen.

4. Für das Brot parallel eine Grillpfanne erhitzen. Das Brot mit dem Olivenöl einpinseln und von beiden Seiten knusprig anrösten. Die Schakschuka mit dem restlichen Koriander bestreuen und zusammen mit dem warmen Brot sofort servieren.

Schaum-Omelett mit Sesam-Garnelen und Spinat

FÜR 2 PORTIONEN

Schaum-Omelett

4 Eier
4 EL Milch oder Sahne
Salz, weißer Pfeffer
Salzbutter zum Backen

Topping & Deko

150 g Blattspinat
1 kleine Knoblauchzehe
6–8 große geschälte,
   gekochte Garnelen
   (TK-Garnelen zuvor
   auftauen lassen)
Olivenöl zum Braten
2 EL helle Sesamsamen
Salz, Pfeffer
frische Sprossen
   (z.B. China Rose, Ret-
   tich oder Radieschen)
scharfes Paprikapulver

1. Für das Schaum-Omelett die Eier trennen. In einer großen Schüssel die Eiweiße steif schlagen. In einer kleinen Schüssel die Eigelbe mit Milch oder Sahne, Salz und Pfeffer verrühren, zum Eischnee geben und alles locker vermischen. Nicht zu stark rühren, sonst fällt der Eischnee wieder zusammen.

2. Etwas Butter in einer beschichteten Pfanne (ø ca. 20 cm) aufschäumen, die Hälfte der Eiermasse hineingeben, einen Deckel auf die Pfanne legen und das Omelett bei niedriger bis mittlerer Temperatur ca. 6 Minuten stocken lassen. Das Omelett auf einen Teller gleiten lassen und zugedeckt warm halten, dann ein zweites Omelett auf die gleiche Art backen. Alternativ beide Omeletts gleichzeitig in zwei kleinen Pfannen backen.

3. Für Topping & Deko den Spinat waschen und trocken schleudern. Den Knoblauch schälen und in feine Stifte oder dünne Scheiben schneiden. Die Garnelen trocken tupfen. In einem kleinen Topf etwas Olivenöl erhitzen, den Knoblauch darin goldgelb rösten, dann den Spinat zugeben und zugedeckt 2–3 Minuten garen. Parallel dazu etwas Olivenöl in einer Pfanne erhitzen, die Sesamsamen kurz rösten, dann die Garnelen darin wenden und anbraten. Spinat und Garnelen mit Salz und Pfeffer würzen.

4. Schaum-Omeletts zusammenklappen, jeweils auf einen Teller legen und Spinat sowie Garnelen darauf verteilen. Alles mit Sprossen toppen und mit etwas Paprikapulver bestreuen.

Nuss-Omelett mit Spargel

FÜR 2 PORTIONEN

Nuss-Omelett

40 g gehobelte
   Haselnüsse
4 Eier
2 EL Schmand
Salz, Pfeffer
¼ TL gemahlener
   Koriander
2 EL gehackte Petersilie
   (frisch oder TK)
Butter zum Braten

Topping & Deko

300 g grüner Spargel
Salz
6 dunne Scheiben
   roher Schinken
2–3 EL Butter
frischer Kerbel
essbare Blüten (z.B.
   Viola, Calendula)

1. Für das Nuss-Omelett die Haselnüsse in einer beschichteten Pfanne ohne Zugabe von Fett bei mittlerer Temperatur goldbraun rösten. Herausnehmen und etwas abkühlen lassen.

2. Die Hälfte der Nüsse in einer Schüssel mit den Händen zerkrümeln, mit den Eiern und dem Schmand verquirlen. Anschließend mit Salz, Pfeffer, Koriander und Petersilie würzen.

3. Etwas Butter in zwei kleinen beschichteten Pfannen (ø ca. 20 cm) zerlassen. Je die Hälfte der Eiermasse in eine der Pfannen verteilen und kurz stocken lassen. Die übrigen gehobelten Haselnüsse darauf verteilen und die Omeletts fertig backen.

4. Für Topping & Deko den Spargel waschen, im unteren Drittel schälen und die Stangen dritteln. Abgedeckt in wenig Salzwasser gut 5 Minuten sehr bissfest dünsten, anschließend gut abtropfen lassen.

5. Die Omeletts zusammen mit dem Spargel und dem Schinken anrichten. Die Butter in einer der Pfannen bräunen und über die Omeletts träufeln, alles mit Kerbel und Blüten garnieren.

Eier-Carpaccio mit gratinierten Tomaten

FÜR 2 PORTIONEN

Gratinierte Tomaten

125 ml Gemüsebrühe
60 g Couscous
1 Handvoll Kräuter
   (Petersilie, Thymian,
   Basilikum)
2 EL Olivenöl
Salz, Pfeffer
4 mittelgroße breite To-
   maten (ca. 500 g)
30 g frisch geriebener
   Parmesan

Eier-Carpaccio

5 Eier

Topping & Deko

frisch geriebener Par-
mesan
Kräutersalz

1. Für die gratinierten Tomaten den Backofen auf 200 °C Ober- und Unterhitze vorheizen. Die Brühe in einem kleinen Topf aufkochen, Couscous einrühren und gut 5 Minuten bei niedriger Temperatur quellen lassen. Inzwischen die Kräuter waschen und trocken schütteln. Einen kleinen Teil zum Garnieren beiseitelegen, den Rest hacken, mit Öl, Salz und Pfeffer verrühren. Das Kräuteröl unter den Couscous rühren.

2. Die Tomaten waschen und abtrocknen. Von jeder Tomate oben eine dünne Scheibe abschneiden, die Scheiben beiseitelegen. Die Tomaten dann vorsichtig aushöhlen, mit dem Couscous füllen und nebeneinander in eine Auflaufform setzen. Den Parmesan über die Tomaten streuen, die Form in den Ofen stellen und die Tomaten gut 15 Minuten garen.

3. Für das Eier-Carpaccio die Eier anstechen, in kochendem Wasser oder in einem Eierkocher in knapp 10 Minuten hart kochen. Kalt abschrecken und schälen, etwas abkühlen lassen und dann in dünne Scheiben schneiden. Die Scheiben überlappend auf 2 Teller legen.

4. Für Topping & Deko die gratinierten Tomaten zum Eier-Carpaccio geben. Die beiseitegelegten Tomatendeckel in feine Streifen oder Würfel schneiden, zusammen mit den restlichen Kräutern, Parmesan und Kräutersalz über die anderen Zutaten geben.

Tomaten-Eier mit Kartoffelsticks und Feta

FÜR 2 PORTIONEN

Tomaten-Eier

8 weiche getrocknete
   Tomaten
   (z.B. Snacktomaten)
50 g Feta
2 EL Butter
4 Eier
Salz, Pfeffer

Kartoffelsticks, Feta & Deko

300 g festkochende
   Kartoffeln
1 EL Öl
Salz, Pfeffer
edelsüßes Paprikapulver
100 g Feta
2 EL Granatapfelkerne
zarte rötliche Salatblättchen (z.B. Rote Bete,
   Blutampfer, Mangold)
Balsamico
essbare Blüten
   (z.B. Tagetes)

1. Für die Tomaten-Eier die getrockneten Tomaten und den Feta klein schneiden. Die Butter in einer Pfanne aufschäumen. Die Eier aufschlagen und in die Pfanne geben. Tomaten und Käse darüber streuen, leicht salzen und pfeffern und zu Spiegeleiern braten.

2. Für Kartoffelsticks, Feta & Deko die Kartoffeln schälen, waschen und in sehr feine Stifte (2–3 mm dick) schneiden. Die Stifte mit Küchenpapier gründlich abtrocknen, dann in einer Schüssel mit Öl, Salz, Pfeffer und Paprikapulver vermischen. In einer Heißluftfritteuse bei 180 °C in 10–12 Minuten goldbraun und knusprig backen. (Alternativ die Sticks in einer Auflaufform verteilen, bei 200 °C Umluft in den Backofen stellen und 20–25 Minuten goldbraun backen.)

3. Die Spiegeleier und die Kartoffelsticks auf Teller geben, den Feta darüber bröseln und mit den Granatapfelkernen bestreuen. Die Salatblättchen waschen, trocken tupfen und zum Garnieren verwenden, dabei mit etwas Balsamico beträufeln. Nach Belieben mit Blüten dekorieren.

Eier im Glas mit Süßkartoffeltoasts

Eier im Glas

4 Eier (Größe M)
1 rote Paprikaschote
100 g Schafsmilch-
   Joghurt (10 % Fett)
1 TL Currypulver
Salz, Pfeffer

Sükartoffeltoasts
   & Deko

1 große Süßkartoffel
1 Kästchen Kresse
100 g Schafsmilch-
   Joghurt (10 % Fett)
Salz, Pfeffer
Paprikacreme
   (Fertigprodukt)

1. Für die Eier im Glas die Eier anstechen, in kochendes Wasser legen und in ca. 6 Minuten wachsweich kochen. Inzwischen die Paprikaschote waschen, halbieren und Kerne sowie weiße Innenhäute entfernen. Eine Hälfte für die Deko beiseitelegen, den Rest in feine Würfel schneiden und in 2 breite Gläser oder in kleine hohe Glasschalen verteilen.

2. Den Joghurt mit Currypulver, Salz und Pfeffer abschmecken und auf die Paprikawürfel geben. Die Eier abgießen, etwas abkühlen lassen, pellen, halbieren und in die Gläser bzw. Schalen geben. Diese auf große Teller stellen.

3. Für Sükartoffeltoasts & Deko die Süßkartoffel schälen und in maximal 5 mm dicke Scheiben schneiden. Die Scheiben nacheinander im Toaster auf hoher Stufe zwei- oder dreimal toasten, bis sie bissfest sind.

4. Die restliche Paprikaschote in schmale Streifen schneiden. Die Kresse abschneiden. Den Joghurt mit Salz und Pfeffer abschmecken. Die Süßkartoffel-Toasts mit Joghurt bestreichen, mit Paprika und Kresse belegen und mit etwas Paprikacreme toppen. Zusammen mit den Eiern im Glas servieren.

Chili-Rührei mit Garnelen und geröstetem Fladenbrot

FÜR 2 PORTIONEN

Geröstetes Fladenbrot

2 Pita-Fladenbrote
2 EL Schmand
Salz, Pfeffer
geräuchertes Paprika-
  pulver

Chili-Rührei

1 kleine gelbe Chilischote
5 Eier
3 EL Sahne oder Milch
Salz, Pfeffer
150–200 g geschälte
  Garnelen (TK-
  Garnelen zuvor auf-
  tauen lassen)
1 EL Olivenöl
1 EL Butter

Topping & Deko

2–3 Tomaten
1 Handvoll zarte
  Salatblättchen
  (z.B. Blattmangold)
1–2 EL Olivenöl
Salz, Pfeffer
100 g Ajvar

1. Für das geröstete Fladenbrot den Backofen auf 200 °C Ober- und Unterhitze vorheizen. Die Pita-Fladen mit Schmand bestreichen und mit Salz, Pfeffer und Paprikapulver würzen. Auf einen Rost legen und im Ofen ca. 10 Minuten rösten.

2. Für das Chili-Rührei die Chilischote putzen, entkernen und fein hacken. In einer kleinen Schüssel die Eier mit Sahne oder Milch, Salz, Pfeffer und Chiliwürfeln verquirlen. Die Garnelen trocken tupfen. Das Olivenöl in einer Pfanne erhitzen und die Garnelen darin ca. 5 Minuten scharf anbraten, Mit Salz und Pfeffer würzen und aus der Pfanne nehmen.

3. Die Pfanne mit Küchenpapier auswischen, dann die Butter darin zerlassen. Die verquirlten Eier und die Garnelen hineingeben und die Eier unter gelegentlichem Rühren stocken lassen. Nicht zu lange garen, das Rührei soll cremig bleiben.

4. Für Topping & Deko die Tomaten waschen, vom Stielansatz befreien und fein würfeln. Die Salatblättchen waschen und trocken schleudern, mit etwas Öl beträufeln und mit Salz und Pfeffer würzen. Die Pita-Fladen vierteln, zusammen mit dem Rührei, den restlichen vorbereiteten Zutaten und dem Ajvar auf Tellern anrichten.

INDEX

TOASTED & ROASTED

Avocado-Eier-Toasts 35

Brote mit Ziegenfrischkäse,
    grünen Tomaten und Aprikosen 37

Toasts mit Matjes,
    Butter-Orangensauce
    und Wildkräutersalat 39

Melonen-Ricotta-Toasts
    mit Avocado 40

Toasts mit Avocado, Kirschtomaten
    und Honig-Bacon 43

Ziegenkäse-Feigen-Sandwiches
    mit Honig und Rucola 44

Halloumi-Toasts
    mit pochierten Eiern 46

Tramezzini
    mit Salatcreme und Eiern 49

Süßkartoffel-Taler
    mit Käse-Salsa 51

Triple-Cheese-Bagels 52

Bagels mit Steakstreifen,
    Portobello-Pilzen und Käsesauce 55

Pastrami-Bagels
    mit Radieschen-Relish 57

Burger mit Avocado, Graved Lachs
    und pochierten Eiern 58

ROLLED & RAISED

Basilikum-Pfannkuchen
    mit Kirschtomaten 63

Frischkäse-Spinat-Pancakes
    mit Lachscreme 64

Chicken-Tacos
    mit Chimichurri-Creme 66

Tomaten-Crêpes
    mit Mozzarellacreme 69

Zwiebel-Waffel-Sandwiches
    mit Dill und Forelle 70

Tortilla-Waffeln mit Chorizo
    und Kichererbsen 73

Käse-Speck-Scones
    mit Süßkartoffelcreme 75

SWEET TOOTH

Beerige Brioche-French-Toasts 78

Sahne-Waffeln mit Himbeeren 81

Fluffy Pancakes 83

Dutch Baby
    mit Erdbeer-Grapefruit-Salat 84

Croissants mit Sahne-
    Lavendel-Creme und Beeren 87

Cranberry-Scones
    mit Mango-Kiwi-Creme 89

French Toasts mit Mascarponecreme
    und Bacon 90

Kaffee-Soufflé mit Schokosauce 93

IMPRESSUM

ALL DAY BREAKFAST – Ira Leoni

Herausgeber

Ralf Frenzel

© 2020 Tre Torri Verlag GmbH, Wiesbaden

www.tretorri.de

Idee: Ira Leoni, Angelika Ilies

Konzeption und Umsetzung:
Tre Torri Verlag GmbH, Wiesbaden

Gestaltung:
Marion Schreiber, Barcelona

Fotografie: Ira Leoni, Heidelberg

Text: Ulrike Kraus, Köln

Reproduktion:
Lorenz & Zeller, Inning a. A.

ISBN 978-3-96033-079-0

Printed in Slovakia

MIX
Papier aus verantwor-
tungsvollen Quellen
FSC® C020353
FSC
www.fsc.org